Vernon A. Walters
Die Vereinigung war voraussehbar

Vernon A. Walters

Die Vereinigung war voraussehbar

Vernon A. Walters

Die Vereinigung war voraussehbar

Hinter den Kulissen eines entscheidenden Jahres

Die Aufzeichnungen des amerikanischen Botschafters

im
Siedler Verlag

Die Deutsche Bibliothek – CIP-Einheitsaufnahme

Walters, Vernon A.:
Die Vereinigung war voraussehbar/
Vernon A. Walters.
[Aus dem Amerik. von Helmut Ettinger]
1. Aufl. – Berlin: Siedler, 1994
Einheitssacht.: Die Vereinigung war voraussehbar
ISBN 3-88680-529-8

Aus dem Amerikanischen
von Helmut Ettinger

Lektorat: Wolf J. Siedler jr.

Der Siedler Verlag ist ein Unternehmen
der Verlagsgruppe Bertelsmann.

Schutzumschlag: Werner Rebhuhn, Cuxhaven
Satz: Bongé und Partner, Berlin
Druck und Buchbinder: Mohndruck, Gütersloh
Printed in Germany 1994
ISBN 3-88680-529-8

Inhalt

Der Weg nach Deutschland 7

Die ersten Tage in Bonn 22

Schwierigkeiten mit Außenminister Baker 45

Die deutschen Sozialdemokraten 68

Berlin beim Fall der Mauer 80

Nach dem Mauerfall 89

Der Giftgaszug. 14. September 1990 100

Einigkeit und Recht und Freiheit
Der 3. Oktober 1990 111

Ein Teddybär aus Berlin 120

Der Golfkrieg 126

Der Terroranschlag auf die Botschaft
13. Februar 1991 150

Der Berlin-Beschluß. 20 Juni 1991 164

Letzte Tage in Bonn 174

Nachwort 181

Dieses Buch ist keine Chronologie und auch keine Geschichte der Vereinigung Deutschlands nach 45 Jahren der Teilung. Viel bessere sind geschrieben worden. Ich möchte einfach berichten, wie ich als amerikanischer Botschafter in der Bundesrepublik Deutschland die atemberaubenden Ereignisse der Jahre 1989 bis 1991 erlebt und mitgestaltet habe.

Der Verfasser

Der Weg nach Deutschland

Lange bevor mir der Gedanke kam, ich könnte eines Tages als amerikanischer Botschafter nach Deutschland gehen, beobachtete ich die Entwicklung in der Sowjetunion und ihren Satellitenstaaten. Als die Sowjetunion den Abzug ihrer Truppen ankündigte, die sie nach Afghanistan zur Unterstützung ihrer Marionettenregierungen entsandt hatte, war dies für mich ein eindeutiges Anzeichen dafür, daß die Breshnew-Doktrin nicht länger in Kraft war. Die neuen Führer der Sowjetunion waren nicht mehr bereit, die Rote Armee in Satellitenstaaten einmarschieren zu lassen, um die dort ins Wanken geratenen Regierungen zu stützen, wie sie dies 1953 in Ostdeutschland, 1956 in Ungarn und 1968 in der Tschechoslowakei taten.

Wenn ich wirklich recht haben sollte, konnte es nicht mehr lange dauern, bis die Völker dieser Länder die neue Situation erkannten, in Bewegung gerieten und auf die Straße gingen. In Polen waren die Sowjets nahe daran gewesen einzugreifen, aber Präsident Jaruzelski hatte mit der Ausrufung des Kriegsrechts eine sowjetische Intervention noch einmal abwenden können. Und nun taumelte die Regierung in Kabul unter den Schlägen der Mudschaheddin, die den Westen hinter sich hatten. Die Sowjets aber zogen ihre Truppen zurück. Ich sah dies als Signal für eine nahende Zeitenwende.

Ich weiß nicht mehr, wann ich diesen Gedanken zum ersten Mal öffentlich aussprach, aber die Journalistin Lally Weymouth berichtete mir, ich hätte ihr 1988 auf einer Party, die Henry Kissinger zu Helmut Schmidts 70. Geburtstag gab, gesagt, die Einheit Deutschlands werde nicht mehr lange auf sich warten lassen.

Wie auch immer – als meine Ernennung zum Botschafter in Bonn bekanntgegeben wurde und ich in meinem Büro bei den Vereinten Nationen mit verschiedenen Gruppen deutsch-amerikanischer Geschäftsleute zusammentraf, sprach ich dort die Überzeugung aus, daß die Einheit Deutschlands bald kommen werde. Fast alle zeigten sich höchst überrascht und nahmen meine Worte mit Skepsis auf. Ich galt als ein Mann, der zwar öfter in Deutschland gewesen war und etwas Deutsch sprach, aber niemals längere Zeit in diesem Land verbracht hatte. Tatsächlich bin ich einer der ganz wenigen Offiziere der US-Army, die während der Besatzungszeit niemals in Deutschland stationiert waren.

Und doch hatte mich dieses Land schon als Kind interessiert. Ich hatte eine Bücherserie gelesen, die kurz nach dem ersten Weltkrieg erschienen war. Sie hieß »The Boy Allies« (etwa: »Die verschworenen Jungen«, Anm. d. Übers.) und erzählte von Abenteuern an fast allen Fronten des Krieges. Diese Jungen kämpften gemeinsam mit Briten, Franzosen, Russen, Belgiern und Italienern gegen die Deutschen. Schließlich standen sie auch an der Seite der amerikanischen Truppen, als diese im April 1917 in die Kämpfe eingriffen. Mit meinem jugendlichen Verstand konnte ich mir nur schwer vorstellen, wie Deutschland es fertiggebracht hatte, sich all dieser Armeen gleichzeitig zu erwehren. Diese Deutschen mußten wirklich ein bemerkenswertes Volk sein.

So las ich alles über sie, was mir in die Finger kam, unter anderem auch Winston Churchills Buch über den ersten Weltkrieg, das den Titel »Weltkrisis« trägt und jene außergewöhnliche Passage enthält, in der Churchill dem deutschen Volk für dessen Standhaftigkeit und Mut seinen Tribut zollt. Besonders beeindruckte mich der Satz: »Nichts in der ganzen Geschichte der Menschheit ist vergleichbar mit dem Ausbruch des deutschen Vulkans.«

Als ich sechs Jahre alt war, ging meine Familie nach Frankreich, wo ich die nächsten zehn Jahre meines Lebens verbringen sollte. Meine Mutter fuhr mit uns zu den Schlachtfeldern des ersten Weltkrieges bei Verdun. Seit dem Ende der Kämpfe waren kaum fünf Jahre vergangen, und die Spuren des Krieges waren noch überall sichtbar, zumindest schien es mir damals so. Der französische Reiseführer malte die heldenhafte Verteidigung von Fort Douaumont in allen Einzelheiten aus und zeigte uns den schauerlichen »Graben der Bajonette«. Sehr undiplomatisch fragte ich: »Wie ging die Geschichte mit Douaumont aus?«

»Oh, am Ende nahmen es die Deutschen ein«, sagte der Reiseführer beiläufig, »aber sie kamen nicht weiter.«

Damals erfuhr ich, daß dieser schreckliche Krieg vier Jahre lang gedauert hatte, was für einen Sechsjährigen eine Ewigkeit war.

Später begann ich, Autogramme von Prominenten

zu sammeln. Ich schrieb den meisten überlebenden Befehlshabern des ersten Weltkrieges und erhielt viele freundliche Antworten, insbesondere von deutschen Kommandeuren. Inzwischen war ich geradezu fasziniert von den Männern und Ereignissen dieses Krieges. Besonders Kaiser Wilhelm II. erregte mein Interesse, der in den Augen so vieler Menschen allein für den Krieg verantwortlich gewesen war. Ich konnte damals nicht glauben, daß die Antwort so einfach sein sollte: Bloß weil der Kaiser Uniformen, militärischen Pomp und Zeremonien geliebt hatte, sollte er den ersten Weltkrieg vom Zaun gebrochen haben?

Ich las mehrere alte Bücher über den deutschen Kaiser, die ihn alle gleichermaßen feindselig behandelten und die Kriegspropaganda der Alliierten nachbeteten, und in mir erwachte der Wunsch, ein Autogramm des Kaisers zu besitzen. So schrieb ich ihm einen Brief in sein Exil im niederländischen Doorn. Einige Wochen später erhielt ich eine Antwort vom Hofmarschall oder Großmeister seines Hofes, der mir mitteilte, Seine Majestät gebe eigentlich niemals Autogramme. Auf den Rand des Briefes hatte er jedoch mit der Hand gekritzelt: »Mach den Versuch und schreib ihm einen interessanten Brief.«

Ich folgte diesem Rat und schrieb dem Kaiser, alle Bücher, die ich bisher über ihn gelesen hätte, würden ihn in einem ungünstigen Licht darstellen. Ich äußerte die Bitte, ob er mir ein Buch empfehlen könnte, in dem seine Herrschaftszeit objektiver dargestellt sei. Einen Monat später erhielt ich ein Paket mit seinen zwei Büchern »Aus meinem Leben« und »Erinnerungen und Gestalten«. Aus einem fiel eine Karte, auf die er mit eigener Hand die Worte »Zur Erinnerung« und das heißersehnte Autogramm geschrieben hatte. Ich habe es noch heute. Damals war ich vierzehn Jahre alt.

Dann kam Hitler an die Macht. Nicht ohne Faszination verfolgte ich alles, was in Deutschland geschah. Und es geschah eine Menge. Das meiste davon stimmte mich tief besorgt. Vor allem schockierten mich die gewaltsamen Übergriffe auf die Juden.

Ich ahnte, daß ein Krieg unausbleiblich werden und daß er schließlich auch uns erreichen würde.

Der Krieg brach aus, und die Deutschen schienen unbesiegbar zu sein. Sie überrannten Polen und die Niederlande und trieben die französische und die britische Armee vor sich her. Im Mai 1941, sechs Monate bevor die USA Deutschland den Krieg erklärten, trat ich als Soldat in die Armee ein. Für mich gab es keinen Zweifel, daß die Vereinigten Staaten in absehbarer Zeit in den Krieg eintreten würden. Ich war der Überzeugung, daß es ohne unser Eingreifen in diesen Krieg für die Freiheit der Menschheit nicht mehr viel Hoffnung gab.

Zunächst diente ich als einfacher Soldat in einem Feldartillerieregiment, wurde aber rasch befördert und kam bald nach Kriegseintritt auf eine Schule für Offiziersanwärter. Die amerikanische Armee wurde damals von 250 000 auf sieben Millionen Mann aufgestockt, und wenn man ehrgeizig war, konnte man rasch Karriere machen. So nahm ich an der Landung der Alliierten in Nordafrika gegen Vichy-Frankreich und danach an dem Feldzug in Tunesien teil, wo wir zum ersten Mal in Berührung mit der deutschen

Wehrmacht kamen. Diese ersten Begegnungen überzeugten mich davon, daß Churchill recht hatte: Die Deutschen waren wirklich sehr harte Burschen.

In Italien zog ich als Adjutant des Armeebefehlshabers General Mark Clark ein. Später diente ich als Verbindungsoffizier zur Ersten Brasilianischen Infanteriedivision, die kämpfend die Halbinsel hinaufzog und die schneebedeckten Apeninnen überquerte. Ende April 1945 holte ich mir eine schwere Verbrennung bei einer Explosion in einem Beobachtungsposten der Brasilianer, wo ich den Angriff auf den Monte Belvedere nördlich von Florenz verfolgte, und verbrachte den Rest des Krieges in einem Lazarett in Livorno.

Nach dem Krieg, im Oktober 1946, begleitete ich einige brasilianische Offiziere auf einer Erinnerungsreise zu den Schlachtfeldern Europas. Wir flogen auch nach Berlin. Die unglaublichen Schäden, die man in dieser Stadt angerichtet hatte, erschütterten mich tief. Im Tiergarten stand nicht ein einziger Baum, und damals konnte ich mir nicht vorstellen, daß ich einmal ein völlig wiederaufgebautes Berlin und blühende Bäume im Tiergarten wiedersehen sollte. Ich unterschätzte die Deutschen eben.

Nach dem Kriege war ich bis 1948 in Brasilien stationiert. Dann nahm Averell Harriman mich im Mai 1948 mit nach Paris, um dort die Verwaltung des Marshallplanes aufzubauen. Bald darauf besuchte ich Deutschland zum zweiten Mal, und wieder war ich vom Ausmaß der Schäden überall im Lande zutiefst betroffen. Die Straßen waren inzwischen geräumt, Ziegel, Steine und Schutt waren aufgehäuft, als ob sie nur auf den Baubeginn warteten. Diese Aufräumarbeiten hatten zumeist Frauen und Kinder vollbracht. Viele Männer waren entweder gefallen oder bei den Alliierten und den Sowjets in Gefangenschaft. Später sollten die Deutschen der unbekannten Trümmerfrau ein sehr schönes Denkmal setzen.

Wir besuchten einige zerstörte Fabriken, in denen es an Maschinen und Rohstoffen mangelte, also an nahezu allem, womit man hätte produzieren können. Der Marshallplan weckte Hoffnung, brachte die benötigten Materialien, vor allem aber das Vertrauen in die Zukunft. Die Deutschen krempelten die Ärmel hoch, und das Wirtschaftswunder begann.

Damals hatte ich zwei ungewöhnliche Erlebnisse. Ich kam in eine große deutsche Industriestadt, die von Bomben und Straßenkämpfen in Schutt und Asche gelegt worden war. Im Keller eines ausgebrannten Hauses besuchten wir eine deutsche Familie, die mit ihrem ganzen Hab und Gut in dem kalten, modrigen Gemäuer wohnte. Aber trotz der schrecklichen Umstände, unter denen sie leben mußten, schienen sie sicher zu sein, daß bald bessere Zeiten kommen würden. Als wir wieder auf die Straße kamen, fragte ich voller Zweifel, ob ich jemals eine heile deutsche Stadt zu Gesicht bekommen würde – und sei es als alter Mann. Ja, erwiderte Harriman, ich würde sie sehen, und zwar sehr bald. Ich konnte nicht begreifen, woher er angesichts der Zerstörungen um uns herum so viel Zuversicht nahm. Da sagte er, er habe auf dem Tisch im Keller eine Vase mit Blumen gesehen. »Wer es in dieser Wüste fertigbringt«, erklärte er mir, »hinauszugehen, um Blumen zu pflücken und sie daheim auf den Tisch zu stellen, der wird auch sein Land wieder aufbauen.« Die Geschichte hat ihm recht gegeben.

Ein zweites beeindruckendes Erlebnis war für mich der Besuch im Volkswagenwerk in Wolfsburg, sehr nahe dem Eisernen Vorhang an der Grenze zu Ostdeutschland. Auch hier herrschten trostlose Bedingungen. Teile der Werkhallen hatten kein Dach, Maschinen fehlten, es war äußerst schwer, Rohstoffe zu bekommen, und die Autoproduktion lief sehr langsam an. Aber auch hier herrschte überall Zuversicht. Die Deutschen waren überzeugt, daß es möglich sein werde, das Werk mit einiger Hilfe aus den USA bald wieder auf volle Touren zu bringen. Und tatsächlich sollte ihnen das gelingen.

Aber die Nähe der Roten Armee legte sich wie ein Schatten über ganz Westeuropa. Wir begriffen, daß wirtschaftliche Unterstützung nicht ausreichte, um Vertrauen zu schaffen. Wir mußten den Westeuropäern genügend Schutz bieten, damit sie sicher sein konnten, nicht das Schicksal ihrer osteuropäischen Nachbarn zu erleiden. So entstand der Nordatlantikpakt, dessen erster Oberster Alliierter Befehlshaber General Eisenhower wurde. Hoffnung kam auf und mit ihr die Gewißheit, daß es eine Zukunft in Freiheit gab.

Mit Averell Harriman reiste ich kreuz und quer durch Europa. Überall sahen wir, wie unter der Asche des zerstörten Kontinents wieder Leben zu keimen begann. Dann forderte mich General Eisenhower für das neugebildete Oberste Hauptquartier der Alliierten Mächte (SHAPE) an. Hatte ich gemeinsam mit Harriman den Beginn der wirtschaftlichen Wiedergeburt Europas erlebt, wurde ich nun Zeuge des Wiederaufbaus der europäischen Verteidigungsfähigkeit. Er vollzog sich im Schutze der amerikanischen Garantie, daß ein Angriff auf einen der Verbündeten einem Angriff auf alle gleichkäme. Viele, die sich fast schon mit einem Leben unter dem Kommunismus abgefunden zu haben schienen, begannen jetzt die Rechtmäßigkeit der Allianz der Freien zu akzeptieren.

In jenen Jahren war die Überlegenheit der konventionellen Kräfte der Sowjetunion so überwältigend, daß allein die nukleare Abschreckung Westeuropa vor dem Schicksal des Ostens bewahren konnte. In dem Maße, wie die Westeuropäer ihre Verteidigungskraft und ihren Zusammenhalt stärkten, wuchs ihre Sicherheit. Die Sowjets begriffen, daß ein Blitzkrieg, der ihnen die enorme industrielle Infrastruktur Westeuropas und die Kontrolle über ein gewaltiges Heer qualifizierter Arbeitskräfte bringen würde, nicht möglich war.

Noch heute denke ich oft darüber nach, warum viele Europäer, die den Vereinigten Staaten eher reserviert gegenüberstehen, sich nicht die Frage stellen, welche Chance die Freiheit in Europa wohl gehabt hätte, wenn in jenen Jahren die Vereinigten Staaten und die atomare Abschreckung nicht gewesen wären, wenn das amerikanische Volk nicht die Bereitschaft gezeigt hätte, immense Opfer zu bringen, die zu einem Haushaltsdefizit von drei Billionen Dollar, aber eben auch zum Zusammenbruch des kommunistischen Systems in der Sowjetunion und in Osteuropa geführt haben.

Mein Weg nach Bonn war lang. Nach dem Dienst

in Europa beim Marshallplan und dem Obersten Hauptquartier der NATO in Paris diente ich Präsident Eisenhower und dem Vizepräsidenten und späteren Präsidenten Nixon als Mitarbeiter und Dolmetscher. Anschließend verbrachte ich mehrere Jahre als Militärattaché in Italien und Brasilien. Nach dem Dienst in Vietnam führte mich mein Weg als Verteidigungsattaché nach Paris, wo ich Geheimverhandlungen mit den Nordvietnamesen und später den Chinesen führte. Dabei mußte ich Henry Kissinger fünfzehnmal inkognito nach Paris schmuggeln, wo er mit den vietnamesischen Kommunisten sowie in den Jahren 1971 und 1972 mit ihren chinesischen Genossen zusammentraf. Man ernannte mich zum stellvertretenden Direktor der Central Intelligence Agency (CIA), wo ich unter den Direktoren Helms, Schlesinger, Colby und Bush tätig war.

Es war ein denkwürdiger Tag in meiner Laufbahn, als ich George Bush mit den Worten begrüßte: »George, ich muß dich über einige sehr delikate Angelegenheiten informieren.«

Von dem Tag an, da er zum Vizepräsidenten ernannt wurde, habe ich ihn nie wieder »George« genannt. Dem Soldaten in mir widerstrebte es, den Präsidenten oder den Vizepräsidenten der Vereinigten Staaten beim Vornamen zu nennen. Als Vizepräsident Quayle die amerikanischen Truppen in Deutschland besuchte, bevor sie in den Golfkrieg zogen, bot er mir an, ihn »Dan« zu nennen. Ich erklärte ihm, warum mir das fast unmöglich war. Er verstand mich und beharrte nicht weiter darauf.

Im Jahre 1976 verließ ich die US-Army und trat

auch als stellvertretender CIA-Direktor zurück. Ich war 1941 als Soldat in die Armee eingetreten und verließ sie nun nach 36 Jahren als Dreisternegeneral. Mit meiner Armeelaufbahn hatten sich die kühnsten Träume des jungen Soldaten erfüllt, der kurz vor Kriegseintritt der USA zur Armee gekommen war. 26 von diesen 36 Dienstjahren in der Armee hatte ich außerhalb der Vereinigten Staaten verbracht. Ich war in über siebzig Länder auf allen Kontinenten gekommen – wenn man von der Antarktis einmal absieht.

Ich habe den zweiten Weltkrieg, den Bürgerkrieg in Griechenland, den Korea- und den Vietnamkrieg miterlebt und sollte schließlich während des Golfkrieges in der amerikanischen Botschaft in Bonn sogar noch einmal unter Beschuß geraten. In all diesen Jahren war ich Augenzeuge vieler Revolutionen gewesen; und nur wenige von ihnen waren friedlich verlaufen.

Ich wurde Privatmann und ging als Berater ins Geschäftsleben, aber ich habe niemals einen Panzer verkauft, wie einige meiner Kritiker behaupten, und niemals für eine ausländische Regierung gearbeitet. Nach Reagans Wahlsieg im Jahre 1980 forderte mich Außenminister Haig auf, als Sonderbotschafter im Ausland, gleichsam als reisender Friedensstifter, in den Dienst der Regierung zurückzukehren. So begannen vier faszinierende Jahre, von denen noch die Rede sein wird.

Dann wurde ich gebeten, bei den Vereinten Nationen den Posten des Botschafters zu übernehmen, der zugleich auch Mitglied im Kabinett des Präsidenten ist. Auch das waren spannende und erlebnisreiche Jahre.

Als die Zeit der Reagan-Administration zu Ende ging, wollte ich mich erneut ins Privatleben zurückziehen, aber das sollte nicht sein. Das letzte Stück des langen Weges nach Bonn lag vor mir.

Bald nach den Wahlen traf ich mit James Baker zusammen, der bereits als Außenminister im Kabinett des neuen Präsidenten Bush nominiert war. Er erklärte mir kurz und bündig, ich würde als UNO-Botschafter zusammen mit fast allen anderen Mitgliedern des Kabinetts abgelöst werden. Er fragte, ob ich mir vorstellen könnte, mit ihm im State Department zusammenzuarbeiten. Ich antwortete, welche Mängel der Foreign Service auch habe, ohne ihn sei die Außenpolitik der Vereinigten Staaten undenkbar. Die große Mehrheit der Mitarbeiter setze sich für die Außenpolitik des Präsidenten ein, ob sie ihnen gefalle oder nicht.

Ich riet Baker, sich die Verwaltung seiner Dienststelle genauer anzusehen. Außerdem sagte ich, in der gegenwärtigen Situation weltpolitischen Wandels wäre es sehr unklug, Jack Matlock, den überaus fähigen Botschafter in der Sowjetunion, auszuwechseln. Er kenne alle wichtigen Leute in diesem Lande und spreche Russisch so fließend wie kaum ein anderer.

Schließlich äußerte ich meine Hoffnung, der Präsident werde den Botschafter in Deutschland mit größter Sorgfalt auswählen. Dies werde in den Veränderungen, die uns bald erwarteten, ein außerordentlich wichtiger Posten sein. Baker nickte nur, sagte aber nichts, was mir im Gedächtnis geblieben ist.

Einige Tage darauf rief er mich zu sich und ließ mich wissen, daß der gewählte Präsident »hingerissen« wäre, wenn ich das Angebot akzeptierte, die Botschaft in Bonn zu übernehmen. Obgleich ich gehört hatte, daß Baker im allgemeinen binnen 24 Stunden eine Antwort verlangte, bat ich um etwas Bedenkzeit, und zu meiner Überraschung willigte er ein.

Kurz vor Neujahr rief der gewählte Präsident Bush mich persönlich zu sich und drängte mich, die Botschaft in Deutschland zu übernehmen. Ich wies ihn darauf hin, daß Deutsch nicht meine beste Sprache sei. Er meinte, was er bisher gehört habe, sei mehr als ausreichend. Dann fügte er die geradezu prophetischen Worte hinzu: »Dort wird es ums Ganze gehen. Dick, willst du mir helfen oder wirst du mich im Stich lassen?« Das genügte für einen alten Soldaten. Ich antwortete, ich fühlte mich sehr geehrt, ihn in Deutschland vertreten zu dürfen.

Am 6. Januar rief mich sein Stabschef Craig Fuller zu sich und teilte mir mit, meine Nominierung als Botschafter in der Bundesrepublik Deutschland werde in Kürze bekanntgegeben werden. Am nächsten Tag gratulierte mir der gewählte Vizepräsident Dan Quayle mit den Worten, Deutschland sei von grundsätzlicher Bedeutung für unsere Sicherheit. Ich dankte ihm für die Glückwünsche.

Am 20. Januar war ich bei der Vereidigung des neuen Präsidenten Bush zugegen. Die Zeremonie war beeindruckend, aber ich hing in Gedanken noch immer meinen Erinnerungen an Präsident Reagan nach, der in meinen Augen so viel für unser Land, ja für die ganze Welt getan hatte.

In den nun folgenden Wochen besuchte ich die Senatoren, die mich bestätigen mußten. Demokraten wie Republikaner empfingen mich mit Wohlwollen, so daß ich für meine Bestätigung keine Probleme erwartete. Tatsächlich wurde ich kurze Zeit später einstimmig als Botschafter in der Bundesrepublik Deutschland bestätigt. Es war meine siebte Bestätigung durch den Senat, und sie war ebenso einstimmig erfolgt wie die sechs vorangegangenen.

Bevor ich nach Deutschland reiste, hatte ich aber noch zwei andere Aufträge des State Department zu erfüllen. Ich sollte nach Rabat fliegen und König Hassan von Marokko besänftigen. Bei den Genfer Gesprächen über die Menschenrechte hatten wir unsere Position unvermittelt geändert und den marokkanischen Delegierten nicht davon informiert. Er hatte aber Instruktion, uns zu unterstützen, und war nun irritiert über den Kurswechsel unserer Politik.

Ich übernahm diese Mission nicht ungern, denn ich war ein Bewunderer des Königs, und es lag mir am Herzen, daß er unser Verbündeter blieb. Außerdem hat Marokko mich stets fasziniert. Mir schien es das einzige Land zu sein, in dem man mit 400 Schritten 400 Jahre in die Vergangenheit zurückkehren konnte – nämlich auf dem Weg von dem hochmodernen Mamounia Hotel in Marrakesch zum Platz Djemaa el Fna, wo sich Schlangenbeschwörer und Feuerschlucker, Geschichtenerzähler und Zauberer am Eingang zum Suk ein Stelldichein geben.

Der zweite Auftrag war mir bereits von vielen früheren Gelegenheiten vertraut. Ich sollte nach Zaire fliegen und Präsident Mobutu dazu überreden, den Streit beizulegen, den er mit den Belgiern über einige noch aus der Kolonialzeit stammenden Fragen führte.

Ich nahm den Auftrag unter der Bedingung an, daß ich eine Sondermaschine für die Mission erhielt. Wie wichtig das zuweilen sein konnte, wußte ich von sowjetischen Kollegen, die mich darüber informiert hatten, daß Generalsekretär Gorbatschow mich bei einem früheren Besuch in Moskau nur deshalb nicht empfangen hatte, weil ich zwar Mitglied des Kabinetts des Präsidenten gewesen, jedoch mit einer Linienmaschine eingetroffen und darum nicht für einen wirklich wichtigen Besucher gehalten worden war.

Das State Department gestand mir die Sondermaschine zu und erklärte, ich könne damit anschließend auch nach Deutschland fliegen. So traf ich – nach einem Umweg über Marokko und Zaire – in Bonn so ein, wie es sich in meinen Augen für einen Botschafter der Vereinigten Staaten gehörte.

Nach einem sehr ruhigen Flug setzte die Maschine am 22. April um 13.25 Uhr auf dem Flughafen Köln-Bonn auf, wo mich der deutsche Protokollchef, Botschafter Holtermann, erwartete. Dann fuhr ich in die Residenz des Botschafters. Sie war nicht so groß wie die Residenzen in Paris, London oder Rom, aber ich fand sie sehr geräumig und durchaus komfortabel. Ich begrüßte die Angestellten und setzte mich dann eine Weile auf die Terrasse, von der man das Schwimmbecken, den Tennisplatz und den Rhein überblickte. Mir ging durch den Sinn, daß mein langer Schicksalsweg mich nun im Alter von 73 Jahren schließlich nach Deutschland geführt hatte.

Die ersten Tage in Bonn

Am ersten Tag nach meiner Ankunft in Bonn erklärte man mir, meine allererste Pflicht sei ein Besuch beim Chef des Protokolls im Auswärtigen Amt, also bei Botschafter Holtermann, der mich auf dem Flughafen bei meiner Ankunft begrüßt und so herzlich willkommen geheißen hatte. Ich suchte ihn auf, und wir führten ein längeres Gespräch über die uns alle zuversichtlich stimmenden Veränderungen, die sich insbesondere in der Sowjetunion abzuzeichnen begannen.

Dann begab ich mich in mein Büro in der Botschaft, um meine Mitarbeiter kennenzulernen und die erste Besprechung durchzuführen. Bei dieser Begegnung stellte mich der stellvertretende Leiter der Mission, Jim Dobbins, den Spitzendiplomaten und dem gesamten Personal der Bonner Botschaft vor, die zu den größten in der Welt zählt. Das verdankt sich nicht zuletzt dem Umstand, daß zum Zeitpunkt meiner Ankunft in Deutschland etwa 350000 amerikanische Militärangehörige mit ihren Familien in Deutschland Dienst taten, hier also mit Abstand die größte Gruppe amerikanischer Bürger außerhalb der Vereinigten Staaten lebte.

Da ich die Funktionen der verschiedenen Abteilungen der Botschaft aus früherer Erfahrung gut kannte, legten die leitenden Angestellten mir ihre konkreten Aufgaben dar und berichteten über den Arbeitsstand. Dabei wurde die politische und wirtschaftliche Situation in der Bundesrepublik mit all ihren Aspekten beleuchtet.

Wir sprachen auch über die verschiedenen prominenten Persönlichkeiten von Regierung und Opposition, mit denen ich bald in Berührung kommen würde. Man erläuterte mir den besonderen Charakter der Koalitionsregierung, die von Bundeskanzler Kohl und der Christlich-Demokratischen Union angeführt wurde und der die Freie Demokratische Partei Außenminister Genschers und die Christlich-Soziale Union Finanzminister Theo Waigels angehörten. Auch über die beiden Oppositionsparteien, die Sozialdemokraten und die Grünen, wurde ich ausführlich unterrichtet. Die Rechtsextremen oder die neonazistischen Parteien hingegen, die nicht im Bundestag vertreten waren, wurden nur am Rande erwähnt.

Als ich die Mitarbeiter der Botschaft nach ihren Ansichten über die Chancen einer möglichen Wiedervereinigung Deutschlands fragte, waren sie sich fast alle einig, diese werde frühestens gegen Ende der neunziger Jahre, also nicht vor der Jahrtausendwende kommen. Die Sozialdemokraten seien nicht übermäßig daran interessiert, da sie gerade im Begriff stünden, sich auf einen Flirt mit der SED einzulassen. Die Regierungsparteien hingegen wüßten genau, daß die deutsche Einheit bei ihren Nachbarn und Partnern in der Europäischen Gemeinschaft Befürchtungen aller Art auslösen könnte. Fast alle führenden Politiker seien davon überzeugt, trotz Perestroika und Glasnost bilde die fortgesetzte Teilung Deutschlands nach wie vor einen Eckpfeiler der sowjetischen Außenpolitik.

Ich war ziemlich bestürzt darüber, daß fast keiner der Deutschlandexperten meine Auffassung von einer baldigen Wiedervereinigung teilte. Am Ende der Besprechung dankte ich allen dafür, mich fürs erste ins Bild gesetzt zu haben. Für jemanden in meinem Alter sei die Nachkriegszeit nicht Geschichte, sondern Teil des Lebens. Ich sei überzeugt, daß wir uns der Wiedervereinigung mit Windeseile näherten, und überrascht, mich in diesem Glauben so ziemlich allein zu sehen.

Der sowjetische Abzug aus Afghanistan, so begründete ich meine These, komme einer Niederlage gleich und sei für mich ein klares Zeichen dafür, daß Moskau nicht länger bereit sei, die Rote Armee auszusenden, um die von ihren eigenen Völkern bedrohten kommunistischen Regime zu stützen, wie es die Sowjets 1953 in Ostdeutschland, 1956 in Ungarn und 1968 in der Tschechoslowakei getan hatten. Drohe aber keine Intervention sowjetischer Truppen, würden die Völker Osteuropas dies bald erkennen und ihren massiven Protest auf die Straße tragen. Das habe in Polen in gewisser Weise bereits begonnen, und insbesondere in Ostdeutschland sei mit einer ähnlichen Entwicklung zu rechnen, denn dort könnten fast alle Menschen das westdeutsche Fernsehen empfangen und verstehen. Wenn den Satellitenregierungen bewußt werde, daß sie den eigenen Völkern ohne sowjetische Hilfe gegenüberstünden, werde es ihnen schwerfallen, diese mit Gewalt im Schach zu halten. Ich jedenfalls hätte den Eindruck, die Vorboten des

Sturms förmlich spüren zu können, der da in Ostdeutschland und anderswo heraufzog.

Dann äußerte ich mein Mißfallen über die Telegramme, die ich aus der Botschaft erhalten hatte. Sie hatten wenig schmeichelhafte, ja eher abschätzige Bemerkungen über Kanzler Kohl enthalten, dessen Reden sogar häufig als »Stottern« und »Stammeln« beschrieben worden waren. Ich sagte, es fiele mir schwer, zu glauben, daß man sich acht Jahre lang durch die Kanzlerschaft »stammeln« könne. Derart abfällige Worte seien nach meiner Meinung unangebracht und hätten in Telegrammen, die über meinen Tisch gingen, nichts zu suchen. Der Kanzler könne durchaus seine Schwächen haben, nach meiner Meinung sei er jedoch ein hochintelligenter Mann, der sein Volk vielleicht besser verstehe als wir.

Da meine Prognosen über eine baldige Wiedervereinigung von vielen der Anwesenden eher schockiert aufgenommen worden waren, versicherte ich ihnen abschließend, ich würde meine Meinung niemandem aufzwingen wollen, hätte es jedoch für fair gehalten, meine Sicht auf diese Frage kundzutun, zumal sie auch für die Vereinigten Staaten überragendes Interesse bekommen könne.

Später hörte ich von verschiedenen Seiten, man sei weithin der Meinung gewesen, ich wüßte zwar einiges von deutscher Geschichte und spräche Deutsch, hätte jedoch niemals in Deutschland gearbeitet und könne deshalb nicht wirklich beurteilen, was in diesem Land vor sich gehe.

Wie immer dem sei – am Schluß der Sitzung gab ich jedenfalls noch einmal meiner Überzeugung Ausdruck, die Wiedervereinigung Deutschlands werde während meiner Amtszeit als Botschafter kommen, und es sei zu hoffen, wir wären darauf vorbereitet, falls ich zufällig doch recht behalten sollte.

Später an diesem Vormittag legte ich den Gesellschaftsanzug an, um dem Bundespräsidenten mein Beglaubigungsschreiben als Botschafter zu überreichen. In meinen Augen war Richard von Weizsäcker für das Amt des Bundespräsidenten so ideal geeignet, als sei er von einem Besetzungsbüro in Hollywood für diese Rolle ausgewählt worden. Eine ganz außergewöhnliche Erscheinung mit üppigem weißem Haar trat auf mich zu, ein Mann, der eine glänzende öffentliche Laufbahn hinter sich hatte und, soweit ich wußte, fast überall hohes Ansehen genoß.

Obwohl mir bekannt war, daß Weizsäcker nicht nur ein ausgezeichnetes Französisch, sondern auch tadellos Englisch sprach, unterhielten wir uns ausschließlich auf deutsch miteinander. Für mich war das einfach ein Gebot der Höflichkeit: Schließlich befanden wir uns in seinem Land, und Weizsäcker wußte, daß ich seine Sprache beherrschte.

Er begrüßte mich sehr herzlich und machte mich in dem darauffolgenden Gespräch sogleich auf einige Probleme aufmerksam, die mich erwarteten – etwa die in der Bevölkerung wenig populären Tiefflüge der Alliierten sowie auf die Proteste gegen die in Deutschland stationierten nuklearen Kurzstreckenraketen. Mit diesen und mit vielen anderen Problemen würde ich mich als Botschafter der Vereinigten Staaten konfrontiert sehen. Er wünschte mir Erfolg und betonte, er werde alles tun, um meine Aufgabe zu erleichtern. Falls ich ihn zu sehen wünsche, sei er immer für mich da.

Anschließend fuhr ich in meine Residenz zurück und trank ein Glas Champagner mit den Mitarbeitern des deutschen Protokolls, die mich bei der Übergabe des Beglaubigungsschreibens begleitet hatten. Nun konnte ich mit deutschen Beamten und Politikern offiziell in Kontakt treten.

Am Nachmittag desselben Tages machte ich meine Antrittsbesuche bei den beiden Staatssekretären im Auswärtigen Amt. Hans Lautenschläger war ein alter Freund von mir, der zur selben Zeit wie ich Botschafter bei den Vereinten Nationen gewesen war. Auch ihm gegenüber sprach ich von meiner Überzeugung, die Einheit Deutschlands sei nicht mehr fern. Er lächelte nur und meinte, ich sei wohl etwas zu optimistisch. Nicht sehr anders reagierte Staatssekretär Jürgen Sudhoff. Auch er war freundlich, tat aber meine Äußerungen über die deutsche Einheit mit der Bemerkung ab, ein wiedervereinigtes Deutschland werde wohl noch einige Jahre auf sich warten lassen.

In den folgenden Tagen und Wochen setzte ich meine Besuche bei allen Ministern der Regierung fort. Zunächst traf ich Innenminister Schäuble, der mich außerordentlich beeindruckte. Viele sehen in ihm den Nachfolger des Bundeskanzlers, wenn die Zeit dafür kommen sollte. Nachdem ich ihn kennengelernt hatte, konnte ich mir das durchaus vorstellen. Er machte einen energischen und intelligenten Eindruck, war hart in der Sache, dabei aber von freundlichen Umgangsformen – und besaß damit in meinen Augen all jene Eigenschaften, die unverzichtbar für einen deutschen Kanzler waren. Auch ihm sagte ich, daß nach meiner Meinung die Probleme der deutschen Vereinigung nicht mehr in allzu weiter Ferne lägen. Er war der erste, der diesen Gedanken nicht gleich von der Hand wies. »Wir müssen so planen«, sagte er nachdenklich, »daß wir bereit sind, wenn sie kommt.«

Er drängte mich, ihm die Gründe für meine Überzeugung darzulegen, und ein weiteres Mal erläuterte ich meine Theorie über Afghanistan und die Breshnew-Doktrin. Ich hatte den Eindruck, daß er sofort begriff, was ich meinte.

Bestürzt hörte ich später von den Schüssen, die ein geisteskranker Attentäter auf Schäuble abgegeben hatte. Von den Verletzungen trug er eine Querschnittslähmung davon, aber auch aus dieser persönlichen Tragödie ging er ungebrochen hervor und bewältigte sie mit bewundernswertem Mut.

Mein nächster Besuch galt dem damaligen Wirtschaftsminister Haussmann, der den Eindruck eines außerordentlich befähigten Mannes auf mich machte. Das traf in noch stärkerem Maße auf Finanzminister Theo Waigel zu. Ihm schien es zu gefallen, als ich sagte, meiner Meinung nach werde er sich bald darauf vorbereiten müssen, die finanziellen und politischen Folgen der deutschen Einheit zu bewältigen. Er lächelte und sagte: »Wir bereiten uns darauf vor, so gut wir können...«

Seit meiner Ankunft war noch keine Woche vergangen, als ich eine Rede vor der »Atlantik-Brücke«, einer deutsch-amerikanischen Freundschaftsorganisation, halten sollte. Da ich gerade erst angekommen war, hatte meine Abteilung für Öffentlichkeitsarbeit eine lange Rede für mich vorbereitet. Obwohl ich es gewöhnlich immer vermieden hatte, meine Reden vom Blatt abzulesen, willigte ich diesmal ein. Ich ging die Rede aber noch einmal sorgfältig durch und stellte zu meinem Schrecken fest, daß ich für den Vortrag 45 Minuten brauchen würde. Deshalb bat ich Neil Walsh, meinen sehr kompetenten Beamten für Öffentlichkeitsarbeit, zu mir und erklärte ihm: »Neil, ich halte doch keine Reden von 45 Minuten!« »Dann, General«, entgegnete er, »werden die Deutschen Sie nicht ernst nehmen.« Ich schaute ihn ungläubig an.

Aber bald sollte ich erkennen, daß er im wesentlichen recht gehabt hatte. Als ich auf der Hannover-Messe, an der viele amerikanische Firmen teilnehmen, wieder eine Rede halten mußte, sprach ich ohne vorbereiteten deutschen Text, und die Rede fiel weit kürzer als 45 Minuten aus. Prompt bemerkte der Gastgeber in seiner Erwiderung: »Ich hoffe, Sie beehren uns wieder einmal, wenn Sie mehr Zeit haben und länger zu uns sprechen können.« Nun verstand ich, daß Neil mich richtig beraten hatte.

Auf dem Rückweg von Hannover nach Bonn fuhr ich zum ersten Mal auf einer deutschen Autobahn. Schon bei meiner Ankunft in Deutschland hatte ich von den beängstigenden Geschwindigkeiten gehört, die hier zuweilen gefahren wurden, und so hatte ich meinen Fahrer Heinz Herchen, der bereits sechs oder sieben meiner Vorgänger gefahren hatte, wissen lassen, daß ich nicht die Absicht hätte, in einem derartigen Tempo zu reisen. Er schien nicht glücklich, das zu hören, sagte aber nichts. Doch unterwegs nach Bonn bemerkte ich bald, daß wir mit unseren knappen 90 km/h den Verkehr erheblich behinderten, ja Gefahr liefen, einen regelrechten Stau zu verursachen. Widerwillig gab ich meine Zustimmung, schneller zu fahren, und wir kehrten mit einer Geschwindigkeit nach Bonn zurück, die mich – wie ich gestehen muß – einigermaßen in Unruhe versetzte. Trotzdem aber rauschten noch unzählige Wagen mit viel höherem Tempo an uns vorbei.

Glücklicherweise kam ich wohlbehalten in meiner Botschaft an. Das Erlebnis blieb mir aber in deutlicher Erinnerung, und als sich später einmal ein Deutscher bei mir über die waghalsigen Tiefflüge der Alliierten beklagte, konnte ich nicht umhin zu antworten: »Was Sie für Tiefflieger halten, sind vielleicht häufig nur Ihre Landsleute, die in ihren Porsches, Mercedes und BMW mit mehr als 200 km/h über die Autobahn rasen.«

Das war nur zum Teil ein Witz. Die Zeitungen anderer Länder berichteten häufig über Deutsche, die im Ausland verhaftet worden waren, weil sie mit einer für Amerikaner unverantwortlich hohen Geschwindigkeit durch die Gegend gerast waren. Was übrigens die Klagen über die Tiefflieger betraf, so waren sie nur so lange aktuell, bis die deutsche Einheit sie vollkommen aus den Köpfen der Menschen verdrängte. Später stimmten wir einigen Einschränkungen zu, und das ganze Problem war vom Tisch.

Kaum zehn Tage nach meiner Ankunft in Deutschland willigte ich auf Drängen meiner Beamten für Öffentlichkeitsarbeit ein, zwei Hintergrundgespräche für die Presse durchzuführen – das eine für deutsche, das andere für amerikanische Journalisten. Beide sollten in der jeweiligen Sprache abgehalten werden. Sie fanden am 2. Mai 1989 statt. An der Begegnung mit den Amerikanern nahmen elf Korrespondenten teil. Ich machte sie zunächst darauf aufmerksam, daß das Interview ausschließlich als Hintergrundinformation gedacht war, und schilderte dann meine Eindrücke nach den ersten Kontakten mit führenden Vertretern von Regierung und Opposition. Ich sprach etwa eine Viertelstunde und antwortete dann auf Fragen nach Problemen in dem deutsch-amerikanischen Verhältnis, nach der künftigen Rolle der NATO, nach der Lage in Osteuropa und in der Deutschen Demokratischen Republik.

Ein Journalist fragte, ob ich mir die deutsche Einheit in fünf Jahren vorstellen könne. »Sogar in viel kürzerer Zeit«, antwortete ich.

Ansonsten gab es weder überraschende Fragen noch sensationelle Antworten. Von den elf anwesenden Korrespondenten berichtete nur einer über das Interview. Das war Marc Fisher von der Washington Post. In seinem Artikel behauptete er unter anderem, der »höchste amerikanische Diplomat in Bonn« (was eine klare Verletzung der vorher vereinbarten Diskretion war) habe vor Journalisten erklärt, das größte Einzelhindernis für die deutsche Einheit sei Frankreich. Die Vereinigten Staaten seien so begierig auf die Einheit Deutschlands, daß sie bereit wären, dafür den Austritt Deutschlands aus der NATO hinzunehmen.

Das aber hatte ich keineswegs gesagt. Da das Gespräch aufgezeichnet worden war, sandte ich das Tonband nach Washington und forderte die Zeitung auf, ein Dementi zu veröffentlichen.

Daß das trotz meines Protestes nicht geschah, sollte sich bald als ein erstes Warnsignal erweisen, als ein Vorzeichen meiner baldigen Spannungen mit James Baker, dem Außenminister. Soviel ich wußte, hatte ich bisher keine Probleme mit ihm gehabt, und ich konnte mir nicht erklären, weshalb er mir feindlich gesinnt sein sollte.

Bald aber mehrten sich die Zeichen am Horizont, und nun war ich mir der Unterstützung Bakers nicht mehr sicher. Denn kurz nach diesem Zwischenfall sandte das State Department ein Rundtelegramm aus, das es den Botschaftern untersagte, eigene Einschätzungen öffentlich kundzutun, und es den Diplomaten damit fast unmöglich machte, die amerikanische Politik im Ausland zu vertreten, ohne jedes öffentlich geäußerte Wort vorher mit Washington abzustimmen. Uns wurde faktisch ein Maulkorb angelegt.

Bald erfuhr ich, daß dieses Telegramm überall »Walters-Telegramm« genannt wurde, weil es im Grunde genommen nur auf mich zielte. Tatsächlich schenkte ihm kein Botschafter, von den ganz ängstlichen einmal abgesehen, auch nur die geringste Aufmerksamkeit. Jeder nahm es als das, was es war – eine Anweisung, mit der Baker seinem Ärger Luft gemacht hatte. Zu einem viel späteren Zeitpunkt berichtete mir ein sehr prominenter amerikanischer Journalist, der damals mit Baker zusammengetroffen war, der Außenminister sei deshalb so wütend auf mich und meine Bemerkung über die bevorstehende Einheit Deutschlands gewesen, weil er selbst dem Präsidenten eine ganz andere Lagebeurteilung gegeben hatte. Doch davon später.

Einige Tage nach diesem unerfreulichen Zwischenfall nahm ich an einer Feier der Deutschen Kriegsgräberorganisation teil, auf der auch Vertreter ähnlicher Organisationen der Alliierten zugegen waren. Kanzler Kohl, dem ich noch keinen offiziellen Besuch hatte abstatten können, weil er zu beschäftigt gewesen war, trat zu mir heran und dankte mir unter den aufmerksamen Blicken der Anwesenden für meine Teilnahme. Besonders habe ihn gerührt, daß ich das alte deutsche Soldatenlied »Ich hatt' einen Kameraden« mitgesungen hätte. Für mich war dies eine Geste des Willkommens, aber auch ein Signal dafür, daß ich mit der Unterstützung des deutschen Regierungschefs rechnen konnte.

Anschließend besuchte ich Minister Seiters im Bundeskanzleramt, wo wir lange über die Probleme sprachen, die sich aus einer »Großen Anfrage« der Sozialdemokraten ergaben. Die sozialdemokratische Opposition hatte einen großen Fragenkatalog vorbereitet, der der Regierung im Bundestag vorgelegt werden sollte. Darin ging es um Privilegien, die die Alliierten ungeachtet des Vertrages über die Beendigung des Besatzungsregimes in Westdeutschland genossen. Seiters bat mich, der deutschen Regierung bei diesen Problemen alle mir mögliche Hilfe zu erweisen.

Mir war inzwischen längst klargeworden, daß Bonns Haltung gegenüber den USA außerordentlich freundschaftlich war, und obwohl mich die deutsche Innenpolitik im strengen Sinn nichts anging, nahm ich mir doch vor, soweit es ging, Entgegenkommen zu zeigen, wenn die Frage nach alliierten Rechten zu innenpolitischen Diskussionen führen würde.

Und tatsächlich entdeckte ich auf der Suche nach den von der SPD angesprochenen Problemen bald eine ganze Reihe seltsamer Überbleibsel aus der Besatzungszeit, die ausgesprochen unangenehm werden konnten, wenn sie in der Öffentlichkeit hochgespielt werden würden. So existierte auf einer Insel im Chiemsee, auf der Ludwig II. eine kleine Nachbildung des Schlosses von Versailles hatte errichten lassen, ein Erholungszentrum der US-Army. Dort, so erfuhr ich, gab es die seltsame Bestimmung, daß es nur amerikanischem Militärpersonal gestattet war, auf dem See Wasserski zu laufen. Deutsche und amerikanische Zivilisten oder ausländische Touristen durften das nicht. Mir schien das exakt einer jener im Grunde nicht mehr vertretbaren Hinterlassenschaften des Besatzungsregimes zu sein.

So suchte ich den Oberkommandierenden der US-Army in Deutschland, General »Butch« Saint auf, einen hervorragenden Offizier und guten Freund von mir, und erklärte ihm, diese Beschränkung müsse sofort aufgehoben werden. Entweder sei Wasserski auf dem Chiemsee für jedermann oder für niemanden erlaubt. Doch »Dutch« klärte mich auf, daß darüber längst die bayrische Landesregierung zu entscheiden hätte.

Ebenso entdeckte ich, daß die US-Army große Teile des einzigen Golfplatzes in Berlin als exklusiven amerikanischen Golfklub nutzte. Auch darüber sprach ich mit dem Berliner Kommandanten, Generalmajor Ray Haddock, der bei den Berlinern sehr beliebt war, und schlug ihm vor, man könne Unannehmlichkeiten vermeiden, indem man den Platz kurzerhand in »Deutsch-amerikanischer Golfklub« umbenannte.

Eine ganze Reihe solcher Dinge waren einfach übersehen worden; aber es gelang uns, sie zu korrigieren, bevor sie von den Medien zu einem Politikum hochgespielt werden konnten.

Ich stellte gegenüber den amerikanischen Militärangehörigen und Zivilisten gleichermaßen klar, daß es mein Ziel war, unnötige Reibungen zu vermeiden. Die Tatsache, daß ich selbst 36 Jahre in der US-Army gedient hatte, machte es mir leichter, derartige Probleme mit den höchsten amerikanischen Militärbehörden in Deutschland zu erörtern. Viele der Kommandeure hatte ich als Oberstleutnants gekannt, als ich bereits Generalleutnant war. Mir war zwar klar, daß ich technisch keine direkte Befehlsgewalt über sie hatte, aber sie alle wußten auch, daß ich der persönliche Vertreter des Präsidenten in Deutschland war, und das genügte in der Regel.

Zugleich ließ ich weder bei Diplomaten noch bei Zivilisten den leisesten Zweifel daran aufkommen, wie sehr ich die Leistung der Streitkräfte der Vereinigten Staaten schätzte, die über Jahrzehnte hin so viel für die Sicherung von Freiheit und Demokratie in der Welt getan hatten. Im Kampf für dieses Ziel waren seit 1945 über 110 000 Mann gefallen.

Mein nächster Besuch galt dem deutschen Außenminister Hans-Dietrich Genscher, der dieses Amt nun seit fast zwanzig Jahren bekleidete und einen wesentlichen Beitrag zu dem Ansehen und dem Vertrauen geleistet hatte, das das demokratische Deutschland inzwischen genoß. Ich war ihm bereits bei verschiedenen Gelegenheiten begegnet, und gleich zu Beginn unserer Begegnung erinnerte er mich an meinen früheren Besuch bei ihm, als ich ihm dargelegt hatte, daß Washington wegen Gaddafis Unterstützung des internationalen Terrorismus einen Schlag gegen Libyen würde führen müssen.

Das Gespräch fand in herzlicher und freundschaftlicher Atmosphäre statt. Genscher sprach über dieselben Probleme, die bereits Präsident von Weizsäcker berührt hatte. Auch er informierte mich über jenen Fragenkatalog der SPD und bat um meine Hilfe bei der Abschaffung bestimmter alliierter Privilegien, die der Regierung Unannehmlichkeiten bereiten konnten. Ich versprach, alles in meiner Macht Stehende zu tun, um diese Probleme auszuräumen.

Als ich ihn fragte, was er von meiner Überzeugung im Hinblick auf die deutsche Einheit halte, lächelte er nachsichtig, ja beinahe herablassend. Ich legte auch ihm die Gründe dar, weshalb meiner Ansicht nach bald damit zu rechnen sei, aber das beeindruckte ihn offenbar wenig. Sosehr er selbst, der aus Ostdeutschland stamme, eine solche Entwicklung wünsche, liege sie für die nächste Zukunft schlechthin nicht im Bereich des Möglichen. Die Sowjets seien noch nicht bereit, eine solche Entwicklung zu dulden, und auch Deutschlands Nachbarn in Europa könnten damit noch nicht leben. Ich beendete das Gespräch mit der Bemerkung, ich erwarte eine solche Entwicklung dennoch, und zwar noch während meiner Amtszeit als Botschafter in der Bundesrepublik. Wiederum erntete ich nur ein freundliches, ungläubiges Lächeln.

Zwei Dinge beeindruckten mich jedoch bei Außenminister Genscher ganz besonders: Das erste war der persönliche Mut, den er schon als Innenminister vor über zwanzig Jahren während der Münchener Olympiade bewiesen hatte, als er den arabischen Terroristen, die israelische Sportler in ihre Gewalt gebracht hatten, seine eigene Person im Austausch gegen die Geiseln angeboten hatte.

Das zweite war etwas, was ich als exzessiven Eurozentrismus bezeichnen möche. Genscher erkannte zwar die gewaltige Leistung der Vereinigten Staaten an, die Deutschland geholfen hatten, nach der Katastrophe des zweiten Weltkrieges wieder auf die Beine zu kommen und in die Gemeinschaft der zivilisierten Völker zurückzukehren, wie er auch die Bedeutung zu würdigen wußte, die die amerikanische Militärmacht für die Garantie der Freiheit Deutschlands besaß. Und doch sah Genscher Deutschlands Zukunft fast ausschließlich in Europa.

Schließlich folgte mein Antrittsbesuch bei Bundeskanzler Kohl, der mich sehr herzlich empfing. Er ist einer der wenigen deutschen Spitzenpolitiker, die nicht Englisch sprechen, und ich weiß, daß ihn das sehr bedrückt. Allerdings hat er zwei Trümpfe auf diesem Gebiet – seine Frau Hannelore, die ein fast akzentfreies Englisch spricht, und eine glänzende Dolmetscherin.

Mit seinen 1.93 m wirkte Helmut Kohl wie ein Riese, neben dem ich mir, obgleich ich nur wenige Zentimeter kleiner war, fast wie ein Zwerg vorkam. Vielleicht war es auch seine unerhörte Präsenz, die diesen Eindruck verstärkte.

Zu Beginn unserer Unterhaltung erklärte mir Kohl, er sei sich durchaus bewußt, in welchem Ausmaß Deutschland den Vereinigten Staaten zu Dank verpflichtet sei. Die Amerikaner hätten den Deutschen geholfen, ihre Selbstachtung wiederzufinden und, gestützt auf den Marshallplan, die deutsche Wirtschaft wiederaufzubauen, so daß sie nun mit der amerikanischen konkurrieren könne. Kein anderes Land habe Vergleichbares getan.

Er erzählte mir, daß er bei Kriegsende fünfzehn Jahre alt gewesen war. Der erste Anzug, den er besessen habe, hätte von einer amerikanischen Hilfsorganisation gestammt. Er sei sehr stolz darauf gewesen und habe ihn an jenem Tag getragen, als er seiner Frau während einer Tanzstunde das erste Mal begegnet sei.

Schon als Kind, so fuhr Kohl fort, sei er von seinen Eltern politisch immunisiert worden – sowohl gegen das »Rot« des Kommunismus als auch gegen das »Braun« des Nationalsozialismus.

Was Deutschlands Lage in Europa betreffe, so sei die Aussöhnung mit Frankreich seiner Meinung nach für Deutschland eine Lebensfrage, und er hoffe, dasselbe auch mit Polen zu erreichen. Denn die Einheit Deutschlands müsse in die europäische Einheit eingebettet werden. Ebenso sei ihm bewußt, daß es ohne die Vereinigten Staaten weder Freiheit noch Einheit für Europa geben könne. Der Platz Deutschlands sei deshalb immer an der Seite der USA.

Alles in allem schien Kohl zuversichtlich in die Zukunft Deutschlands und Europas zu blicken. Als ich ihm sagte, die Einheit Deutschlands werde nach meiner Meinung schneller kommen, als viele dächten, fragte er, warum ich dies glaube. Ich begründete es, und er nickte und sagte: »Wir werden gemeinsam mit unseren NATO-Verbündeten für dieses Ziel arbeiten, und wir werden es erreichen.« Keine Spur von Herablassung lag in seinen Worten.

Dann äußerte sich Kohl amüsiert über das Bild, das so viele seiner Kritiker von ihm besäßen. Ganz sicher würden mir bald die Redereien über seine Sturheit zu Ohren kommen. Seine politischen Gegner hätten ihn jedoch schon immer unterschätzt, schon als er sich mit 23 Jahren zum ersten Mal für ein öffentliches Amt beworben habe.

»Ich genieße das«, sagte Kohl und lächelte, »und ich hoffe, sie unterschätzen mich auch in Zukunft.«

Abschließend versicherte mir Kohl, er sei immer für mich zu sprechen, wenn ich es für notwendig hielte. Er selbst, der Chef des Bundeskanzleramtes Rudolf Seiters und sein Sicherheitsberater Horst Teltschik seien immer bereit, mir jegliche Hilfe zu erweisen. Ich dankte ihm für dieses großzügige Angebot. Ich habe ihn niemals unnötig belästigt, aber wenn die Situation es erforderte, stand er zu seinem Wort, und ich hatte stets Zugang zu ihm und seinen engsten Mitarbeitern. Seiters und Teltschik standen stets zu meiner Verfügung und erwiesen sich als außerordentlich hilfreich.

Meine Auffassungen über die bevorstehende Einheit Deutschlands machten unterdessen weiter Furore in der Presse. Flora Lewis vom Büro der New York Times in Paris schrieb einen aufsehenerregenden Artikel in der Herald Tribune, der auf der Titelseite unter der Überschrift »Unzeit für verantwortungsloses Gerede von deutscher Einheit« erschien. Darin zitierte Flora Lewis den Regierenden Bürgermeister von Westberlin, Walter Momper, mit den Worten, wenn man zuviel über eine baldige Wiedervereinigung rede, versündige man sich am Volk der DDR, denn damit liefere man der SED-Regierung einen willkommenen Vorwand, die notwendigen Reformen zu umgehen.

Seltsamerweise schien man damit andeuten zu wollen, daß Herr Momper nicht die Wiedervereinigung, sondern eher »Reformen in Ostdeutschland« wünsche – was tatsächlich auf viele SPD-Politiker zutraf.

Flora Lewis fuhr fort, Mompers Äußerung sei eindeutig eine Entgegnung auf die Bemerkung des amerikanischen Botschafters Vernon Walters, der kürzlich gesagt habe, es sei nicht normal, daß zwei deutsche Staaten bestünden, und der eine baldige Wiedervereinigung erwarte. Nach Walters' Szenarium, schrieb sie weiter, werde die Sowjetunion den Ostblock bald abschütteln wollen, um sich auf ihre eigenen Probleme konzentrieren zu können. Gemeint schienen Ostdeutschland, die Tschechoslowakei, Rumänien, Kuba und Nordkorea, deren Regime sich den Reformen Gorbatschows widersetzten und sie gerne scheitern sähen.

Mrs. Lewis meinte, dies sei ein sehr voreiliger Schluß, der völlig die Gefahren übersehe, die ein plötzlicher Zusammenbruch des Sowjetreiches für alle, auch für den Westen, heraufbeschwören könnte.

Sie begriff nicht, daß das Sowjetreich nicht deshalb zusammenbrach, weil ich es prophezeit hatte, sondern aus einem viel zwingenderen Grund: Die Geschichte selbst hatte ihr Urteil gesprochen.

Die Schlagzeile eines zweiten Artikels, der in großer Aufmachung auf der ersten Seite der International Herald Tribune erschien, lautete: »Walters sieht schon bald die deutsche Einheit«. Dort zitierte man mich mit den Worten, die gegenwärtige Abwanderung der Ostdeutschen in den Westen zeige, daß das Bestehen zweier deutscher Staaten anormal sei. Ich hätte die Überzeugung geäußert, die beiden Staaten könnten in naher Zukunft wiedervereinigt werden, und auch Präsident Bush habe in einem Rundfunkinterview gesagt, die USA seien für eine solche Entwicklung, sofern sie auf friedlichem Wege, durch freie Wahlen der Bevölkerung, zustande komme. Mr. Walters habe erklärt, der Westen solle Veränderungen in Osteuropa auf dieselbe Weise unterstützen, wie die Vereinigten Staaten beim Wiederaufbau Westeuropas nach dem zweiten Weltkrieg finanziell geholfen hätten. Man zitierte noch einmal meine Worte, die Existenz zweier deutscher Staaten sei nicht normal. »Walters, der Deutsch sprach, wurde gefragt, ob er sich ein vereinigtes Deutschland in näherer Zukunft vorstellen könne, und er antwortete mit Ja.«

Ich hatte niemanden darum gebeten, sich über die Einheit Deutschlands zu freuen. Ich hatte lediglich geäußert, sie werde bald kommen, und im State Department müsse man darauf vorbereitet sein. Auch als mich Außenminister Baker einmal fragte, weshalb ich fortgesetzt Spekulationen über die Einheit Deutschlands anstelle, antwortete ich, seine eigenen Berater würden zwar glauben, sie hätten dafür noch fünf Jahre Zeit. Nach meiner Meinung seien es jedoch höchstens noch fünf Monate.

Zwei Monate, nachdem diese beiden Artikel im September 1989 erschienen waren, fiel die Berliner Mauer, und kaum ein Jahr später, am 3. Oktober 1990, war die deutsche Einheit vollendet.

Aber ich will den Ereignissen nicht vorgreifen. Was meine ersten Tage in Bonn betrifft, so waren sie einfach faszinierend. Ich hatte prächtige Mitarbeiter und eine großartige Residenz, die zwar nicht so groß wie die Sitze der Botschafter in Paris, London oder Rom war, dafür aber über ein weitaus zahlreicheres Personal verfügte. Das Haus war herrlich; es lehnte an einem Hügel über dem Rhein, hatte einen riesigen Garten mit Swimmingpool und Tennisplatz und besaß sechs oder sieben Schlafzimmer in drei Etagen. Und nicht zuletzt gab es einen kleinen Einpersonenlift, der für geschaffen für mich war. Denn nach einem Skiunfall vor vielen Jahren hatte ich mich einer Meniskusoperation am rechten Knie unterziehen müssen und konnte nur unter Schmerzen Treppen steigen.

Zu meiner Verfügung hatte ich Kurt, den Majordomus, seinen Stellvertreter Georg, die hervorragende Annie, die sich um die Wohnetage und natürlich auch um alle anderen Räume kümmerte. Dazu Esther, ein Zimmermädchen, das phantastische Blumenarrangements für die Festtafel zaubern konnte und alle anderen Hausarbeiten verrichtete, sowie Artemis, die sich um die Wäsche kümmerte. Da ich nicht verheiratet bin, waren sie mir alle unentbehrlich und machten es mir leicht, nahezu all meine Zeit den Problemen meiner Botschaft zu widmen.

Die Krönung des Ganzen war das Genie Specht Norris, die das Haus führte und über die Buchhaltung wachte. Sie entschied, welche Ausgaben für Repräsentationszwecke gerechtfertigt waren und welche nicht. Sie leistete wirklich Außerordentliches, ja ich wurde geradezu verwöhnt: Ob ich einen Empfang für 300 Personen oder ein Abendessen für 24 Gäste gab – stets klappte alles wie am Schnürchen.

An diese glückliche Zeit denke ich gern zurück. Ich war in der Lage, meinen Pflichten als Botschafter die erforderliche Aufmerksamkeit zu schenken, hatte eine Aufgabe, die mich ganz beanspruchte, und sah mit der Überzeugung in die Zukunft, daß die deutsche Einheit bald kommen werde. All das war für mich in meinem 73. Lebensjahr eine wundervolle Herausforderung.

Um ihr, so gut es ging, gewachsen zu sein, beschloß ich, Deutschunterricht zu nehmen. Zwar war es um meine Deutschkenntnisse nicht schlecht bestellt, aber immer wieder unterliefen mir ärgerliche grammatikalische Schnitzer (insbesondere beim Geschlecht der Substantive), und ich hoffte, daß ein paar Nachhilfestunden dem abhelfen würden.

Meine Lehrerin, Frau Toscha, war eine schöne und würdevolle Dame. Sie war streng und anspruchsvoll, und ich fühle mich ihr für ihre Hilfe noch heute zu großem Dank verpflichtet. Da in meinem Büro zu viele Unterbrechungen zu erwarten waren, fand der Unterricht jeden Morgen in der Residenz statt, bevor ich zur Arbeit ging.

Aber das grammatische Geschlecht machte mir auch weiterhin zu schaffen. Es gibt Substantive dreierlei Geschlechts, die alle unterschiedlich dekliniert werden. Wenn ich befürchtete, sie durcheinanderzubringen, verschluckte ich oft die Endungen der Wörter, damit meine Lehrerin nicht genau ausmachen konnte, welches Geschlecht und welchen Fall ich gerade benutzte. Damit aber kam ich bei ihr nicht durch. Sie forderte mich freundlich, aber nachdrücklich auf, die Wörter zu wiederholen.

»Diesmal aber deutlich, bitte.«

Ich verstand, daß mir dieser Trick nichts nützte, wollte ihr aber wenigstens ein einziges Mal die Schwierigkeiten dieser grammatikalischen Feinheiten vor Augen führen. Lange suchte ich nach einem Beispiel. Schließlich sagte ich zu ihr: »Frau Toscha, wie können Sie von mir erwarten, daß ich gut Deutsch spreche, wenn doch im Deutschen ›das Weib‹ vom Geschlecht her sächlich, ›der Feminismus‹ männlich und ›die Männlichkeit‹ weiblich ist!«

Ich war der Hoffnung, sie damit zur Nachsicht bewogen zu haben. Aber sie sah mich nur lächelnd an und erwiderte: »So ist das im Deutschen eben, Herr Botschafter, und Sie werden es lernen.«

Mir blieb nichts weiter übrig, als es zu versuchen.

Schwierigkeiten mit Außenminister Baker

James Baker kannte ich, seitdem er im Weißen Haus tätig war, und ich hatte auch später, als er Finanzminister in der Reagan-Administration war, manche Kontakte zu ihm. Allerdings kannte ich ihn nicht sehr gut. Als Botschafter bei den Vereinten Nationen hatte ich ihn einmal aufgesucht, um mit seiner Hilfe einen Unterhaltszuschuß für meine jungen Diplomaten in der New Yorker UNO-Delegation zu erwirken. Er war nicht sehr hilfreich gewesen, aber soviel ich wußte, hatte er nichts gegen mich.

Nach meiner Nominierung als Botschafter in Deutschland aber hörte ich, er sei mir nicht sonderlich gewogen, weil ich den Präsidenten kannte und mit ihm bei der CIA zusammengearbeitet hatte. Ich könnte deshalb vielleicht auf den Gedanken kommen, meinen Posten nicht allein dem Außenminister zu verdanken.

Dann hatte Baker den Namen meines Nachfolgers als UNO-Botschafter öffentlich bekanntgegeben, bevor ich davon informiert worden war. Als dies Präsident Bush zu Ohren kam, rief er mich an und entschuldigte sich ausdrücklich dafür, wie diese Angelegenheit behandelt worden war. Ich muß gestehen, daß ich zwar erfreut über diesen Anruf, zugleich aber ziemlich verlegen gewesen war, daß der Präsident der

Vereinigten Staaten es für nötig gehalten hatte, sich wegen dieses Vorfalls bei mir zu entschuldigen. Doch all das waren noch sehr kleine Wolken am Horizont, denen ich kaum größere Bedeutung beimaß.

In meinen ersten Monaten als Botschafter in der Bundesrepublik aber kam mir zu Ohren, daß sich die neuen Bewohner der siebten Etage des State Department, die Baker aus dem Finanzministerium mitgebracht hatte, mit großer Geheimnistuerei umgaben. Als Geste gegenüber dem Diplomatischen Dienst und auch wegen seiner außerordentlichen Erfahrungen und Fähigkeiten wurde Larry Eagleburger zum stellvertretenden Außenminister ernannt.

Besucher aus Washington aber sagten im Klartext, daß es zwischen der »Truppe aus dem Finanzministerium«, wie sie es nannten, und dem Rest des State Department kaum Kontakte gebe. Nun mußte es meiner Meinung nach sehr schwierig sein, die Außenpolitik der Vereinigten Staaten zu leiten, wenn man diejenigen ausgrenzte, die wesentlich mehr Erfahrungen, Wissen und langjährige Hintergrundkenntnisse als jene hatten, die Neulinge auf diesem Gebiet waren. Zwar mochte es stimmen, daß es im Diplomatischen Dienst mehr Liberale als in anderen Dienststellen der amerikanischen Regierung gab. Meine eigenen Erfahrungen aus einer zwölfjährigen Amtszeit als Militärattaché in den verschiedensten Botschaften und einem zehnjährigen Dienst als Botschafter aber hatten mich belehrt, daß auch politisch Andersdenkende dem Außenminister stets loyal und unabhängig von ihrer persönlichen Überzeugung dienten, einfach deshalb, weil er in ihren Augen das besaß, was bei den

Chinesen der »Auftrag des Himmels« heißt – die Ernennung durch den Präsidenten und die Bestätigung durch den Senat.

Nach meiner Ankunft in Bonn war kaum ein Monat vergangen, als der Präsident und Mrs. Bush als Gäste von Kanzler Kohl Deutschland einen offiziellen Besuch abstatteten. Ich begrüßte das sehr, denn ich hielt es für unumgänglich, daß sich der Präsident so bald wie möglich ein eigenes Bild vom Bundeskanzler machte, statt lediglich den schriftlichen Berichten zu vertrauen, die vor meiner Ankunft in der deutschen Hauptstadt von Bonn nach Washington gegangen waren.

Der Präsident traf am 30. April um 16.15 Uhr auf dem Flughafen Köln-Bonn ein. Ich begrüßte ihn und fuhr mit ihm im Wagen zum Amtssitz des Bundespräsidenten. Bush und Weizsäcker kannten sich bereits und führten ein ausführliches Gespräch miteinander. Dann fuhr ich mit dem Präsidenten zum Bundeskanzleramt, wo eine etwa zwei Stunden dauernde Unterredung mit Kohl folgte, in deren Verlauf die meisten Probleme angesprochen wurden, die auf unserer Liste standen. Der Präsident versprach, sich sowohl mit dem Problem der Tiefflüge als auch mit den auf deutschem Boden stationierten Kurzstreckenraketen zu befassen.

Am nächsten Tag begleitete ich Präsident Bush zum Frühstück mit Richard von Weizsäcker in dessen Residenz. Dann trafen wir uns noch einmal mit dem Kanzler für eineinhalb Stunden zu einem überaus herzlichen Gespräch. Bei all diesen Gelegenheiten saß Außenminister Baker zur Rechten des Präsidenten und ich, wie es mir laut Protokoll zukam, zu seiner Linken.

Gegen Mittag flogen wir mit dem Hubschrauber nach Mainz, wo unser Programm eine Rede des Präsidenten in der Rheingoldhalle vorsah, und anschließend nach Oberwesel. Dort aßen wir auf einem Flußdampfer zu Mittag, während die Rheinufer an uns vorbeiglitten. Unter den Gästen am Tisch des Präsidenten befand sich auch Prinz Louis Ferdinand von Preußen, Oberhaupt des Hauses der Hohenzollern und Erbe des nicht mehr existierenden deutschen Kaiserthrones. Die Atmosphäre war entspannt, und für viele Deutsche war es die erste Gelegenheit, den neuen Präsidenten der USA kennenzulernen.

Um 16.15 Uhr erreichten wir Koblenz, wo die Mosel in den Rhein mündet, und trafen dort mit den örtlichen Honoratioren zusammen. Dann bestieg der Präsident seinen Hubschrauber und wurde zum Rhein-Main-Flughafen gebracht. Ich hatte beim Vorauskommando darauf bestanden, daß Bush als Oberkommandierender der Streitkräfte zumindest einmal während seines Besuches mit den in Deutschland stationierten Truppen der US-Army zusammentreffen sollte. Bush begrüßte die Soldaten, schüttelte Hände, hielt eine kurze Rede und erwies den Piloten und Soldaten den militärischen Gruß. Dann verließ er Deutschland.

Da Richard von Weizsäcker ein paar Tage später zu einem Besuch in Washington erwartet wurde, reiste auch ich mit der Delegation des Präsidenten in die USA zurück. Nicht ohne Vergnügen bestieg ich die Air-Force-Maschine Nr. 2, die der Air-Force Nr. 1 des Präsidenten nach Washington folgte.

Die Geheimnistuerei der siebten Etage des State Department fiel mir persönlich zum ersten Mal störend auf, als Helmut Kohl Präsident Bush 1989 in Camp David besuchte. Zu den diplomatischen Gepflogenheiten gehört es von jeher, daß ein Botschafter anwesend ist, wenn Angelegenheiten seines Aufenthaltslandes auf der Ebene der Staatschefs oder der Außenminister besprochen werden. So hielt auch ich meine Anwesenheit bei dem bevorstehenden Treffen für notwendig, wenn ich als Botschafter sinnvolle Arbeit leisten wollte; zugleich würde meine Anwesenheit bei dem Treffen den Deutschen signalisieren, daß ich ein wichtiges Bindeglied in den deutsch-amerikanischen Beziehungen war.

Um so überraschter war ich, als ich einige Tage vor Kohls Abreise nach Washington während eines Abendessens mit deutschen Freunden ans Telefon gerufen wurde, weil Außenminister Baker mich sprechen wollte. Er erklärte mir, die Deutschen wollten die Gesprächsrunde mit dem Präsidenten so klein wie möglich halten. Der deutsche Botschafter in Washington werde nicht anwesend sein, und so sollte auch ich daran nicht teilnehmen.

Ich konnte zwar verstehen, daß es Dinge gab, die der Präsident und der Kanzler unter vier Augen besprechen wollten, aber der vollständige Ausschluß von der Begegnung erschien mir seltsam. In Deutschland war dies eine etwas kompliziertere Angelegenheit, denn Außenminister Genscher kam von der FDP, also einer anderen Partei als der Kanzler, und die deutschen Botschafter galten allgemein als vom Außenminister ernannt. Ich dagegen gehörte derselben Partei an wie Präsident Bush, ich war sein Stellvertreter bei der CIA gewesen und hatte an seiner Wahlkampfkampagne teilgenommen. Darauf machte ich den Außenminister aufmerksam und fügte hinzu, ich wolle mit ihm darüber in Washington sprechen, denn ich sei mir im unklaren, ob ich unter diesen Umständen Botschafter in Deutschland bleiben könne. Mein Ausschluß von den Gesprächen in Camp David käme einer Brüskierung in aller Öffentlichkeit gleich.

Aber als ich kurz darauf in Washington eintraf, ließ mich ein Mitarbeiter des Außenministers wissen, daß an meine Teilnahme an der Begegnung nicht gedacht sei. Ich wiederholte, daß ich nicht wüßte, ob ich weiter Botschafter in Deutschland bleiben könne, wenn meine Möglichkeiten, dort sinnvoll zu arbeiten, auf diese Weise untergraben würden. Man signalisiere den Deutschen damit, daß ich für die deutsch-amerikanischen Beziehungen bedeutungslos sei. Falls kein Weg gefunden werde, diese Situation zu bereinigen, so fügte ich hinzu, bleibe mir nichts anderes übrig, als zurückzutreten.

Das war keine Sache persönlichen Ärgers oder Stolzes. Ich wollte mir nur die Möglichkeit sichern, die amerikanische Regierung bei den Deutschen wirksam und mit einem gewissen Maß an Selbständigkeit vertreten zu können, und zugleich die Position der Botschafter gegenüber solchen Männern zu verteidigen, die keine klare Vorstellung davon zu haben schienen, wozu Diplomaten eigentlich da waren.

Bakers Mitarbeiter nahmen meine Reaktion mit einiger Verwunderung auf. Kurz darauf teilte man mir mit, ich hätte mich um 15.35 Uhr im Weißen Haus einzufinden, um den Präsidenten im Hubschrauber nach Camp David zu begleiten.

Der Präsident empfing mich in seinem Büro. Wir sprachen über meine Mission in Deutschland. Er sagte, man habe ihn informiert, daß Kanzler Kohl die Zahl der Teilnehmer an den Gesprächen mit dem Präsidenten aus politischen Gründen beschränken wolle. Ich solle gemeinsam mit ihm und Mrs. Bush nach Camp David fliegen und dort über Nacht bleiben. Er glaube, daß dies das Problem meiner Glaubwürdigkeit gegenüber den Deutschen zumindest teilweise lösen werde. Denn auch wenn ich an den Gesprächen selbst nicht teilnehmen könne, so bezeuge meine Anwesenheit in Camp David den Deutschen doch, daß sich der amerikanische Präsident hinter den Kulissen ausführlich mit seinem Botschafter konsultiere.

Nach dem Gespräch in seinem Büro trat Bush demonstrativ gemeinsam mit mir hinaus und ging an der versammelten Presse vorbei zum Hubschrauber auf dem Rasen vor dem Weißen Haus. Und tatsächlich brachte die New York Times am nächsten Tag auf der Titelseite ein Bild von ihm »in meiner Begleitung«. Das trug wesentlich dazu bei, mein Gesicht gegenüber den Deutschen zu wahren und meine Position zu stärken.

An Bord fragte ich den Präsidenten, ob er das Telegramm erhalten habe, das ich vor einigen Tagen an das State Department gesandt hatte. Dort hatte ich die Themen genannt, die Helmut Kohl meiner Meinung nach ansprechen würde, und die Positionen umrissen, die von den Deutschen in Camp David zu erwarten waren. Das Telegramm beruhte auf Gesprächen, die ich in Bonn mit Leuten aus der unmittelbaren Umgebung des Kanzlers geführt hatte.

Ich war erstaunt zu hören, daß es dem Präsidenten nicht einmal vorgelegt worden war. Immerhin war ich sein Botschafter in Deutschland und sein ehemaliger Stellvertreter bei der CIA. Jedenfalls war ich nun darüber im Bild, welche Bedeutung Außenminister Baker meinen Auffassungen über Deutschland beimaß. Und wie zufällig fand ich eine Kopie meines Telegramms in meiner Tasche, die ich Bush auch prompt vorlegte ...

Ich verbrachte den Abend in Camp David mit dem Präsidenten, Mrs. Bush, ihrem Sohn Neil und dessen Frau. Wir führten ein langes Gespräch über die Ereignisse in Deutschland, vor allem aber darüber, mit welcher Entwicklung wir in Europa rechnen müßten.

Ich sprach erneut die Überzeugung aus, daß die deutsche Einheit sehr nahe sei. Die Bevölkerung im Osten verstehe, daß die Sowjets nicht länger bereit seien, die Rote Armee zur Unterstützung der kommunistischen Marionettenregierungen in Osteuropa einzusetzen. Die Leute würden bald auf die Straße gehen. In der Bundesrepublik sei ein Magnet der Freiheit und Demokratie geschaffen worden, der auf alle Deutschen anziehend wirke, auch auf die Menschen in der DDR. Freilich seien die Briten und Franzosen von der deutschen Einheit nicht begeistert. Es liege deshalb nun an uns, die Deutschen zu unterstützen, wenn wir sie vor der Versuchung der Neutralität bewahren wollten, die ihnen von den Sowjets ohne jeden Zweifel angeboten werden würde.

Ich schilderte meine Eindrücke von Helmut Kohl. Er sei absolut nicht der unbeholfene, »stammelnde« Mann, als den ihn viele im offiziellen Washington sähen. Er habe sich nicht ins Bundeskanzleramt »gestammelt« und verstehe besser als die meisten Deutschen, daß es die Vereinigten Staaten gewesen seien, die sich dafür eingesetzt hätten, Deutschland in die Gemeinschaft der respektierten und geachteten Nationen zurückzuholen, und seine europäischen Nachbarn dazu veranlaßt hätten, die Deutschen in Europa endlich als gleichberechtigten Partner anzuerkennen. Ich zitierte die Worte des Kanzlers, daß seine Gegner ihn stets unterschätzt hätten, seit er mit 23 Jahren ins politische Leben eingetreten sei. Sie hätten dies getan, bis er Bundeskanzler geworden sei, und unterschätzten ihn auch heute noch, worüber er sogar froh sei.

Dann legte ich dem Präsidenten die Schwierigkeiten dar, denen ich mich bei meiner Arbeit in Bonn gegenübersah. Ich sei mir darüber im klaren, daß die modernen Kommunikationsmittel in mancher Hinsicht das Wesen der Außenpolitik verändert hätten und direkte Kontakte zwischen Regierungschefs inzwischen sehr häufig seien. Ich wisse auch, daß es zahlreiche direkte Gespräche zwischen dem Präsidenten und dem Bundeskanzler sowie zwischen den Außenministern Baker und Genscher gebe. Zwei Dinge würden mich dabei jedoch nachdenklich stimmen: Zum einen wüßten wir in der Botschaft nicht, was in diesen Gesprächen beredet werde. Zum anderen seien die Gespräche nicht gegen Abhörversuche geschützt, da sie nicht über gesicherte Leitungen geführt würden. (Tatsächlich sollten wir nach dem Zusammenbruch der DDR feststellen, daß die »Stasi« ein besonders dankbarer Zuhörer derartiger Unterredungen gewesen war. Und von einem wichtigen Telefongespräch, in dem Helmut Kohl Präsident Bush dringend darum gebeten hatte, den Deutschen in der Frage der Tiefflüge entgegenzukommen, hatten uns zu unserer Bestürzung erst die Deutschen selbst Mitteilung gemacht.)

Ich hatte diese Probleme gegenüber dem Präsidenten schon einmal erwähnt und sein Versprechen erhalten, er werde mir Mitschriften von seinen Gesprächen mit dem Kanzler schicken. Das geschah auch, aber in der Regel erst in einem Abstand von zehn Tagen. Auch Außenminister Baker hatte ich darauf angesprochen, bekam jedoch niemals eine Mitschrift seiner Gespräche mit Genscher zu Gesicht.

George Bush hörte mir mit großem Interesse zu und stellte mir an diesem Abend mehr Fragen über Deutschland, als es Außenminister Baker während all seiner Besuche je getan hatte.

Da er mich so demonstrativ nach Camp David mitgenommen hatte und ich bei der Ankunft der deutschen Delegation anwesend war, konnten wir tatsächlich den Eindruck vermeiden, ich sei von den Gesprächen ausgeschlossen. So verzichtete ich auf mein Rücktrittsgesuch, das ich ohnehin nur widerwillig eingereicht hätte, da ich ein Bewunderer Bushs war und weder damals noch später irgend etwas unternehmen wollte, was ihm Unannehmlichkeiten bereiten konnte.

Zurück in Bonn, ergoß sich ein Strom von Sonderbotschaftern Außenminister Bakers nach Deutschland. Bob Zoellick, Denis Ross, Bob Kimmett, der später mein Nachfolger werden sollte, und viele andere reisten an. Sie wohnten meist in meiner Residenz, verrieten mir jedoch kaum etwas über ihre Gespräche mit den Deutschen.

Offensichtlich ging es Baker darum, den Deutschen zu signalisieren, daß der amerikanische Botschafter – zumindest für den Außenminister – keine Schlüsselfigur in den deutsch-amerikanischen Beziehungen darstellte.

Ich jedoch sah eine ganz zentrale Aufgabe als Botschafter darin, in den für uns interessanten Fragen die deutsche Position in Erfahrung zu bringen und unsere Partner zu veranlassen, unsere Politik zu unterstützen, wo dies in unserem Interesse zu liegen schien.

Da man mich aus den Gesprächen weitgehend ausgrenzte, hatte ich für diese Aufgabe denkbar schlechte Voraussetzungen. So begab ich mich einmal mit einem meiner Besucher aus Washington zu Außenminister Genscher. Als wir das Büro betraten, bat mich Frank Elbe, ein Mitarbeiter Genschers, höflich, aber bestimmt, die Herren allein zu lassen. Schließlich griff Genscher ein, so daß ich an der Unterredung teilnehmen konnte.

Bevor ich im April 1990 zum Jahresurlaub nach Florida abreisen wollte, entschied Genscher, in die USA zu fliegen, um sich mit dem Präsidenten und Baker vor deren Gesprächen mit dem sowjetischen Außenminister Schewardnadse abzustimmen. Ich hielt die Zeit für günstig, in Urlaub zu gehen, denn inzwischen hatten die Wahlen in Ostdeutschland Kanzler Kohls Christdemokraten einen überwältigenden Sieg gebracht, und es war klar, daß es einige Wochen dauern würde, bis eine neue Regierung gebildet werden und die Volkskammer zusammentreten würde, um sie zu bestätigen.

Genscher und ich kamen überein, daß ich nach seiner Ankunft in Washington von Florida aus dorthin kommen sollte, um an den Gesprächen mit dem Präsidenten und dem Außenminister teilzunehmen. Aber als ich auf der Fahrt nach Florida einen kurzen Zwischenhalt in Washington einlegte, bemerkte ich bald, daß dort überhaupt noch nicht entschieden worden war, ob ich an den Gesprächen teilnehmen sollte oder nicht. Daraufhin machte ich im State Department klipp und klar, daß ich dem Präsidenten sofort meinen Rücktritt als Botschafter in Deutschland anbieten würde, sollte man mich noch einmal von den Gesprächen ausschließen. Es sei unmöglich für mich, unter diesen Bedingungen die Regierung der Vereinigten Staaten in Bonn sinnvoll zu vertreten. Die Deutschen seien sehr protokollbewußt, und meine Abwesenheit bei dem Treffen des Präsidenten mit Genscher wäre für sie ein unmißverständliches Signal. Erneut sah man mich verärgert an. Es war klar, daß man hier über die Absichten Bakers im Bilde war.

Ich begab mich nach Florida, um abzuwarten. Eine Woche der Unsicherheit folgte. Zunächst ließ man mich wissen, ich sollte an dem Treffen Genschers mit dem Präsidenten teilnehmen, es gäbe jedoch noch keine Entscheidung über meine Teilnahme an dem Gespräch Bakers mit Genscher. Sie fiel erst am Vorabend der Begegnung. Bakers Mitarbeiter teilten mir mit, ich würde bei dem Gespräch anwesend sein, danach werde jedoch noch eine kurze Begegnung der beiden Außenminister unter vier Augen folgen. Da ein solches persönliches Gespräch nichts Ungewöhnliches war, gab ich mich zufrieden und machte mir keine weiteren Gedanken.

Zu gegebener Zeit fand ich mich also im Vorzimmer des Außenministers ein und traf dort auf die deutsche Delegation. Wir unterhielten uns eine Zeitlang und stellten uns dann den Fotografen. Daraufhin zogen sich die beiden Minister zu dem angekündigten Gespräch unter vier Augen zurück. Sie erschienen jedoch erst wieder, als es längst Zeit war, zum Weißen Haus zu fahren. Das »kurze« Gespräch hatte nahezu die gesamte Zeit in Anspruch genommen, die für das Treffen vorgesehen gewesen war. Weder von deutscher noch von amerikanischer Seite hatte jemand an der Unterredung der beiden Außenminister teilgenommen – in meinen Augen eine klare Demonstration der Geheimnistuerei, mit der beide ihre Kontakte in Zukunft fortzuführen gedachten.

Erst im Weißen Haus fand dann ein einstündiges Gespräch in größerer Runde statt. Genscher sprach als erster. Er legte seine Gedanken und seinen Zeitplan für die Einheit Deutschlands und die Sicherheitsarrangements in Europa dar. Er sprach von der Bedeutung des KSZE-Gipfels Ende des Sommers, über seine Einschätzung der Europäischen Gemeinschaft und über die Beziehungen zu Nordamerika. Dabei erklärte er unmißverständlich, daß Deutschland in der NATO bleiben werde. Ich war erleichtert – bei früheren Gelegenheiten waren seine Äußerungen zu dieser Frage nicht ganz so eindeutig gewesen.

Dann antwortete der Präsident. Sehr wortgewandt und ohne Notizen behandelte er alle Punkte, die Genscher angesprochen hatte. Es wurde klar, daß zu dieser Zeit – kurz vor dem Besuch Schewardnadses – weitgehende Übereinstimmung zwischen der deutschen und der amerikanischen Position herrschte.

Ich selbst nutzte meinen Aufenthalt in Washington, um mit Vizepräsident Quayle und einigen Beamten des Nationalen Sicherheitsrates zu sprechen, die von jenem bereits erwähnten Bericht des Bonner Korrespondenten der Washington Post, Marc Fisher, aufgeschreckt worden waren.

Wie schon angedeutet, hatte ich kurz nach meiner Ankunft in Bonn die deutsche Presse zu einem Hintergrundgespräch eingeladen, eine kurze Einführung auf deutsch gegeben und dann auf Fragen geantwortet. Das Ganze hatte etwa eine Stunde gedauert. Den Journalisten war vorher zu verstehen gegeben worden, daß ich keine Genehmigung zur Berichterstattung erteilt hatte; sie respektierten das und schrieben keine Artikel darüber.

Am nächsten Tag aber fand eine ähnliche Begegnung mit den in Deutschland akkreditierten amerikanischen Korrespondenten statt. Auch ihnen wurde der Hinweis: »Keine Genehmigung für Berichte, nur Hintergrund« von meinem Presseattaché Neal Walsh, einem sehr tüchtigen und erfahrenen Beamten, genau erklärt. Wieder sprach ich etwa eine Viertelstunde lang über meine Eindrücke, die ich seit meiner Ankunft in Deutschland gesammelt hatte, und stellte mich eine weitere halbe Stunde für Fragen zur Verfügung.

Unter anderem fragte man mich, ob die Vereinigten Staaten die Einheit Deutschlands unterstützten. Ich antwortete, die Einheit sei ein Hauptziel der amerikanischen Außenpolitik, seit Außenminister Byrnes dies im September 1946 in Stuttgart erklärt hatte. Ich wies darauf hin, daß die Wiedervereinigung für uns kein Problem sei, wenn sie sich friedlich, in Demokratie und Freiheit vollziehe.

Als man mich nach der Zukunft der deutschen NATO-Mitgliedschaft fragte, verwies ich auf die Worte von Präsident Bush, der gesagt hatte, Deutschland müsse politisch und militärisch ein Mitglied der NATO bleiben. Ich fügte hinzu, die Entscheidung darüber liege zwar bei den Deutschen, aber unsere Position dazu sei klar. Dann stellte man mir die Frage, ob Frankreich das Haupthindernis für die deutsche Einheit sei. Ich antwortete: »Das ist absolut nicht der Fall.«

Das Frage-und-Antwort-Spiel ging noch eine geraume Zeit weiter, bis die Zeit für das Treffen abgelaufen war. Ich hatte den Eindruck, daß zwar nichts wirklich Neues zur Sprache gekommen war, dennoch waren Walsh und ich der Meinung, das Gespräch sei insgesamt zur Zufriedenheit aller Beteiligten verlaufen.

Zwei Tage später aber las ich in der Washington Post zu meinem Erstaunen einen Artikel, der auf einem Gespräch mit »einem amerikanischen Spitzendiplomaten in Bonn« und anderen Quellen beruhte. Aus dem Artikel konnte man den Eindruck gewinnen, der Inhalt stamme überwiegend aus Gesprächen mit mir.

In dem Artikel hieß es, der Diplomat habe erklärt,

für die Vereinigten Staaten sei die Einheit Deutschlands wichtiger als Deutschlands Verbleib in der NATO. Er habe darauf hingewiesen, daß Frankreich das Haupthindernis für die Einheit Deutschlands sei. Der mit Marc Fisher gezeichnete Artikel war geschickt genug aufgebaut, daß der Verfasser jederzeit behaupten konnte, diese Bemerkungen stammten aus »anderen Quellen«. Man wollte mich offenbar in Verlegenheit bringen. Und das gelang in der Tat.

Unverzüglich teilte ich Baker mit, daß ich keinerlei derartige Erklärungen abgegeben hatte, und verwies darauf, daß viele amerikanische Korrespondenten anwesend gewesen waren und keiner außer Fisher einen Bericht geschrieben hatte. Ich fügte hinzu, die ganze Begegnung sei aufgezeichnet worden, ich würde das Band nach Washington senden und fordern, daß man die Behauptungen über meine Worte dementiere.

Inzwischen hatte die französische Regierung einen Diplomaten unserer Botschaft in Paris zu sich beordert und eine Erklärung zu meinen Äußerungen verlangt. Mein französischer Kollege, Botschafter Boidevaix, versicherte mir später, er habe Paris sofort informiert, er sei sich sicher, daß an dieser Geschichte kein Wort wahr sei.

Paris schien damit zufriedengestellt, in Washington hingegen herrschte bei einigen Leuten im Nationalen Sicherheitsrat und im State Department große Aufregung. In einer Erklärung distanzierten sie sich von meinen Ansichten, räumten aber ein, in der Regel sei ich gut informiert.

Besagtes Tonband lag sowohl Außenminister Baker als auch General Scowcroft vor, aber keiner bemühte sich um eine Richtigstellung meiner Erklärungen.

Dann rollte die zweite Angriffswelle an. In seiner Kolumne »Periscope« berichtete das Nachrichtenmagazin Newsweek, ein hoher Beamter des State Department habe zu meinen Bemerkungen offiziell erklärt: »Das mindeste, was man sagen kann, ist, daß er unachtsam war.« Das Interessante dabei war für mich, wie schnell das State Department sein Urteil fällte. Schon als der Artikel in der Washington Post erschienen war, hatte das Außenministerium verlauten lassen: »Solche Auffassungen sind nicht die offizielle Politik der USA.« Man hatte sich nicht einmal die Mühe gemacht herauszufinden, ob ich tatsächlich gesagt hatte, was in dem Artikel stand. Auch als dort der Mitschnitt des Gesprächs vorlag, brachte es, vom Außenminister angefangen, niemand fertig zu sagen: »Walters hat etwas Derartiges nicht erklärt.«

In dem Newsweek-Bericht war von dem Tonband die Rede, aber sein genauer Wortlaut wurde nicht wiedergegeben. Statt dessen zitierte man jenen ungenannten Beamten des State Department, der mir vorwarf, mindestens »unachtsam« gewesen zu sein.

Ich fühlte mich tief getroffen. Fast fünfzig Jahre lang hatte ich an streng geheimen Missionen der verschiedensten Art teilgenommen und war vier Jahre lang stellvertretender Direktor der CIA gewesen, wo ich es mit höchst delikaten Angelegenheiten zu tun gehabt hatte. In dieser langen Zeit hatte es niemand fertiggebracht, mich jemals der Unachtsamkeit zu bezichtigen.

Um so größer war meine Genugtuung über einen Brief, den Präsident Bush mir zum Abschluß der ganzen Episode schrieb. Im Grunde genommen bekräftigte er sein Vertrauen zu mir und riet mir, mich nicht unterkriegen zu lassen.

Als ich später Margaret Tutweiler, Bakers Pressesprecherin, in Deutschland begegnete, fragte ich sie, warum sie nach Erhalt des Tonbandes nicht klargestellt habe, daß ich derartige Erklärungen nicht abgegeben hatte. Sie wich meinem Blick aus. »Oh«, sagte sie, »die Sache zu dementieren hätte bedeutet, noch mehr Aufmerksamkeit auf Sie zu ziehen.«

Mit diesen Worten ließ sie mich stehen. Die Sache war eindeutig. Sie fühlte sich nicht betroffen und dachte nicht daran, etwas zu unternehmen, nur weil ich in der Tinte saß.

Bakers Abgesandte verhandelten auch weiterhin in Bonn über die verschiedensten Angelegenheiten. In Abwandlung eines Wortes von Churchill über die Piloten in der Schlacht um England kann ich dazu nur sagen: Niemals in der Geschichte der Menschheit haben so wenige mit so vielen über Dinge verhandelt, von denen sie so wenig verstanden. Die Unterhändler mochten vielleicht auf anderen Gebieten sehr tüchtig sein, aber ihre Kenntnis der deutschen Geschichte und des deutschen Volkes ließ viel zu wünschen übrig. Keiner von ihnen sprach Deutsch. Das war zwar nicht unbedingt nötig, aber sie hätten zumindest guten Willen zeigen können.

Zunächst war für mich die Versuchung groß, aus Protest gegen diese Mißachtung des amerikanischen Botschafters in Deutschland zurückzutreten. Schließlich hatte ich mein Haus in Palm Beach, wohin ich mich jederzeit zurückziehen konnte. Doch ich blieb. Ich wollte dabei sein, wenn die deutsche Einheit kam.

Das vor allem gab den Ausschlag. Nicht zuletzt hoffte ich auch, einige meiner Telegramme über die Lage in Deutschland könnten vielleicht doch von dem einen oder anderen Unterhändler zur Kenntnis genommen werden.

Doch denen schien ich ein für allemal ein Dorn im Auge. Denn ich wurde nicht müde zu wiederholen, daß die deutsche Einheit vor der Tür stehe. Offenbar dachte man zu diesem Zeitpunkt aber eher in Jahrzehnten und in den Kategorien einer Konföderation, die zumindest bis zum Ende des Jahrhunderts währen sollte.

So kamen die Unterhändler aus Washington weiterhin mit eindrucksvollen langen Listen deutscher prominenter Politiker, die sie zu sprechen wünschten, und zwar meist einzeln. Die enervierten Deutschen hingegen schlugen der Einfachheit halber vor, gemeinsame Gespräche zu arrangieren.

Bei einer dieser Begegnungen, die den ganzen Vormittag dauerte, sagte Staatssekretär Kastrup, einer der meistbeschäftigten Männer des Auswärtigen Amtes, schließlich ungeduldig: »Mr. Zoellick, ich muß jetzt wirklich gehen, wenn ich heute vormittag wenigstens *etwas* für das Auswärtige Amt tun will.« Die Bemerkung ging glatt an meinem Landsmann vorbei, aber der Deutsche schmunzelte bei sich.

Um die Besucher aus Washington zufriedenzustellen, verliehen die Deutschen zuweilen einem ihrer Gesprächspartner eine Auszeichnung. Dann aber beklagten sich diejenigen bei mir, die leer ausgegangen waren. Sie waren der Ansicht, eine nicht weniger verdienstvolle Arbeit geleistet zu haben. Ich sollte veranlassen, daß auch sie eine Medaille bekämen. Ich fühlte mich an die Worte Napoleons bei der Gründung der Ehrenlegion erinnert: »Ein Mann wird dir niemals sein Leben verkaufen, aber für ein kleines Seidenband wird er es dir freiwillig geben.« Natürlich hütete ich mich, von den Deutschen Medaillen für meine Landsleute zu erbitten.

Alles in allem war es keine leichte Zeit für mich. Die Deutschen sahen in den Vereinigten Staaten ihren weitaus engsten Verbündeten, der ihnen half, die Einheit Deutschlands in kürzester Zeit zu verwirklichen. Sie wußten auch, daß ich ein konsequenter Verfechter dieses Kurses war. Doch ebenso wurden sie zu Zeugen der Angriffe auf mich und sahen, daß das State Department nichts unternahm, um mich zu verteidigen.

Und in Bonn mußte auffallen, daß ich nach meiner Teilnahme an den ersten beiden Treffen der Gruppe Zwei plus Vier, die die Sicherheitslage nach der Vereinigung erörtern sollte, im Unterschied zu meinem britischen und französischen Kollegen zu keiner weiteren Sitzung eingeladen wurde.

Wenn ich die Ereignisse seit meiner Ankunft in Deutschland überblickte, kam ich zu dem Schluß, daß man mir offenbar nicht verzeihen konnte, die Wiedervereinigung Deutschlands so klar vorausgesagt zu haben. Während Bushs Besuch in Deutschland hatte es zwar keinerlei Versuche gegeben, mich auszugrenzen. Aber in Washington arbeitete man sehr angestrengt daran, mich beiseite zu drängen, und das war bekannt. Vor allem Baker schien mir nicht zu verzeihen, daß ich hinsichtlich der deutschen Einheit recht behalten hatte. Ich mußte also mit weiteren Problemen rechnen.

Kurz vor dem vollständigen Zusammenbruch des SED-Regimes in Ostdeutschland kam Baker nach Berlin. Zum ersten Mal während seiner vielen Besuche stellte er mir zahlreiche Fragen. Offensichtlich hatte Bob Kimmet, dem ich bei einem Aufenthalt in Washington bereits meine Rücktrittsabsichten angedeutet hatte, dem Außenminister diesen Rat gegeben.

Unter anderem fragte mich Baker, ob ich der Meinung sei, er solle Modrow, der inzwischen Egon Krenz als Regierungschef abgelöst hatte, in Potsdam besuchen. Das sei ihm von unserem Botschafter in Ostdeutschland, Dick Barclay, empfohlen worden, der auch mir gegenüber mehrmals den törichten Gedanken geäußert hatte, etwas von der in den letzten Jahrzehnten entstandenen besonderen Identität der Ostdeutschen müsse erhalten bleiben. Ich hatte eher fassungslos auf solche Äußerungen reagiert. Was sollte denn da erhalten werden – die Diktatur, die sozialistische Mißwirtschaft, die mit Mauer und Stacheldraht befestigte Grenze?

Ich riet Außenminister Baker entschieden von einem Treffen mit Modrow ab. Meiner Meinung nach wäre es ein großer Fehler, dies zu tun. Hans Modrow sei nur noch eine kurze Zeit Regierungschef, dann könne auch er wegen seiner Verstrickungen in die Verbrechen des SED-Regimes in Schwierigkeiten geraten. Es sei nicht auszuschließen, daß er im Gefängnis ende. Ein Besuch des amerikanischen Außenministers zu diesem Zeitpunkt werde nur die Westdeutschen irritieren und Modrow ein internationales Ansehen verschaffen, das er nicht verdiene. Baker schien meine Argumente einzusehen, und ich begab mich in meine Residenz zurück.

Als ich spät in der Nacht dort ankam, rief mich der Außenminister noch einmal an, um mir zu sagen, daß er nach unserer Unterredung noch einmal mit Barclay gesprochen habe. Dieser habe ihn schließlich doch davon überzeugt, daß es sinnvoll sein könne, Modrow in Potsdam einen Besuch abzustatten. Ich antwortete, daß ich bedauern würde, dies zu hören. Ich hielte dieses Treffen nach wie vor für einen Fehler, aber schließlich sei er der Außenminister und müsse tun, was er für richtig halte.

Später fragten mich westdeutsche Politiker gelegentlich, wie ich Bakers Besuch bei Modrow hatte zulassen können. Dann lächelte ich nur und erinnerte sie daran, daß Baker der Außenminister, ich hingegen nur sein Botschafter gewesen war.

Mein Entschluß zum Rücktritt stand endgültig fest, als mir ein internes Bulletin des State Department vor Augen kam, das ein Kapitel unter der Überschrift »Entscheidungen des Außenministers« enthielt. Dort war folgendes zu lesen: 1. Der Außenminister hat es abgelehnt, Jack Matlock, den Botschafter in der Sowjetunion, zu empfangen. 2. Der Außenminister hat es abgelehnt, Vernon Walters, den Botschafter in der Bundesrepublik Deutschland, zu empfangen.

Ich holte Erkundigungen ein und stellte fest, daß Matlock tatsächlich systematisch von den Spitzengesprächen in der Sowjetunion ferngehalten wurde. In meinen Augen war Jack Matlock einer der großen Botschafter der Vereinigten Staaten. Er hatte mehr als zwölf Jahre in der Sowjetunion verbracht, davon über fünf Jahre als Botschafter, sprach Russisch, kannte alle wichtigen Leute und hatte einst einen brillanten Vortrag vor der Frunse-Militärakademie gehalten.

Es war ein Schock für mich zu erfahren, daß der Außenminister zu einer Zeit, da sich die ganze Welt im Umbruch befand, nicht das Bedürfnis hatte, mit seinen Botschaftern in der Sowjetunion und in Deutschland zu sprechen. Ich war nun fest entschlossen, zurückzutreten; es war nur noch eine Frage der Zeit, wann ich endgültig ging.

Da ich fürchtete, Baker könnte einen seiner »Sonderbotschafter« nominieren, denen der Sinn nach Medaillen stand und die den Deutschen in Bonn auf die Nerven gingen, drängte ich Kimmet, sich um meinen Posten zu bewerben. Er war ein sehr kompetenter Mann, wußte viel über Deutschland und verfügte über solide Deutschkenntnisse.

Meine Abreise setzte ich auf die Zeit unmittelbar nach dem ersten Jahrestag der deutschen Einheit am 3. Oktober fest. Baker zeigte keinerlei Interesse, mich nach den Gründen meines Rücktritts zu fragen. Er hatte die Botschaft auch ohne viel Worte verstanden.

Im Rückblick erscheint es mir, als sei der Zeitpunkt meiner Abreise nicht einmal schlecht gewählt gewesen. Gemessen an den großen Ereignissen, deren Zeuge ich geworden war, konnten die folgenden Jahre nur ernüchternd sein. Außerdem hatte ich eine höchst erfolgreiche Laufbahn hinter mir, und mit 74 Jahren war es eigentlich Zeit geworden, zu gehen. Und doch würde ich lügen, wollte ich behaupten, daß ich nicht gekränkt war.

Die deutschen Sozialdemokraten

Während meines ganzen Aufenthaltes in Deutschland blieb die Haltung der SPD für mich ein Rätsel. In den Jahren nach 1945 hatte die Partei in der Person von Ernst Reuter einen bedeutenden Oberbürgermeister von Berlin und dann mit Willy Brandt und Helmut Schmidt zwei große Bundeskanzler hervorgebracht. Zur Zeit meiner Ankunft in Bonn aber schien es, als hätten sich große Teile der Partei längst aus der politischen Wirklichkeit verabschiedet.

Brandt und Schmidt hatten Führungsqualitäten bewiesen, als die Deutschen sie dringend benötigt hatten. Wie den meisten Deutschen war beiden klar gewesen, daß Deutschland, wenn es eines Tages Teil eines vereinten Europas werden wollte, auch die Last der Verteidigung Europas mittragen mußte.

Allerdings hatte es schon sehr früh eine starke Strömung in der Partei gegeben, die entschieden gegen jeden deutschen Verteidigungsbeitrag eintrat. Sehr klar war diese Position von Kurt Schumacher verfochten worden, der sich erbittert den Bemühungen Adenauers widersetzte, Deutschland zur Übernahme seines Teils der Last zu bewegen. »Ohne uns« war seine Losung, und er hatte alles getan, was in seinen Kräften stand, um Deutschland daran zu hindern, Streitkräfte aufzubauen und sich mit den anderen

NATO-Staaten an der Verteidigung der Freiheit des Kontinents zu beteiligen.

Brandt hingegen verstand, daß Deutschland nicht umhinkonnte, seinen Teil der Verteidigungslasten auf sich nehmen. Er sah, was in den osteuropäischen Ländern geschah, und entschied sich schon sehr früh dafür, gemeinsam mit Adenauer Deutschlands Zukunft an den Westen, an Demokratie und Freiheit zu binden. Er war stets bemüht, die antiamerikanischen Stimmen in seiner Partei, insbesondere die jungen Sozialisten, die »Jusos«, unter Kontrolle zu halten.

Helmut Schmidt, die andere herausragende Figur der SPD, trieb der Partei ihre marxistischen Sympathien noch weiter aus. Er dachte in Begriffen von Freiheit und Demokratie für sein Land und wußte, daß der einzige wirkliche Garant dafür die Vereinigten Staaten von Amerika waren. Aber zugleich teilte er in hohem Maße die herablassende Haltung des europäischen Intellektuellen gegenüber den Amerikanern, ihrer Geschichtslosigkeit, ihrer Naivität und ihrer in seinen Augen kindlichen Weltsicht.

Das hinderte ihn nicht daran, einen nüchternen Sinn für die realpolitischen Gegebenheiten und die Erfordernisse des Tages zu haben. Als die Sowjets ihre SS-20-Raketen in Osteuropa stationierten, setzte Schmidt gegen den Widerstand großer Teile seiner eigenen Partei die Stationierung amerikanischer Pershing-Raketen in der Bundesrepublik durch. Zweifellos ahnte er, welchen Sturm er damit in Deutschland auslösen würde. Dieser folgte prompt: Fast 400 000 Menschen demonstrierten in Bonn gegen die Stationierung der Raketen. Aber Schmidt blieb unbeirrt, und es ist nicht zuletzt sein persönliches Verdienst, die Funktionsfähigkeit der deutschen Demokratie und damit zugleich die Verläßlichkeit der Bundesrepublik als NATO-Partner unter Beweis gestellt zu haben.

Mein erstes persönliches Erlebnis mit ihm hatte ich noch als stellvertretender Direktor der CIA. Als wir Informationen unserer Aufklärung mit denen der Deutschen verglichen, ergaben sich Unterschiede in der Beurteilung des Standortes sowjetischer Truppenteile. Nach unserer Auffassung befand sich eine sowjetische Motschützendivision in einer Stadt südlich von Berlin, ich glaube, es war Jüterbog. Die Deutschen waren skeptisch und schienen sicher zu sein, daß in diesem Gebiet keine derartigen Einheiten stationiert seien. Schließlich kamen wir überein, daß ich ihnen einige Satellitenaufnahmen vorlegen sollte.

Ich flog nach Bonn und wurde von Schmidt und Außenminister Genscher empfangen, der damals übrigens – anders als heute – praktisch über keinerlei Englischkenntnisse verfügte. Ebenfalls zugegen war der Chef der deutschen militärischen Aufklärung, Admiral Zimmermann.

Schmidt eröffnete das Gespräch auf englisch und schlug mir vor, wir könnten es auch auf englisch fortsetzen, da er meine Sprache ausgezeichnet beherrsche. »Herr Bundeskanzler«, antwortete ich auf deutsch, »ich weiß, daß Ihr Englisch viel besser ist als mein Deutsch, aber wir sind hier in Deutschland. Sie sind der Bundeskanzler, und da mein deutsch ausreicht, glaube ich, es wäre höflicher gegenüber den anderen anwesenden Herren, wenn ich auf Deutsch fortfahre.« Er nickte leicht pikiert.

Ich zeigte ihm zunächst ein Foto von Kasernen einer sowjetischen Motschützendivision in Sibirien, dann die Aufnahme eines ähnlichen Objektes in der Ukraine und im Gebiet von Leningrad. »Und dieses, Herr Bundeskanzler«, fuhr ich fort, »steht in Jüterbog.«

Es war deutlich, daß es sich um die gleiche Art Einheiten handelte. Die Sowjets waren in solchen Dingen sehr akkurat; ihre Objekte glichen einander wie ein Ei dem anderen, wo sie auch stehen mochten. Der Kanzler sah sich die Fotos sorgfältig an, nickte dann und sagte: »Ja, ich denke, die Sache ist klar.« Er schien befriedigt darüber, daß wir ihm die Bilder gezeigt hatten, und vielleicht hatten unsere Informationen seine Meinung über unsere »Naivität« etwas erschüttert.

Zu dieser Zeit erschien es uns bereits sehr unwahrscheinlich, daß die Sowjets eine Invasion Westeuropas wagen würden. Zweifellos war man sich in Moskau längst darüber klargeworden, daß es einer Kriegserklärung an die USA gleichkäme, wenn man versuchen würde, Westeuropa mit seiner enormen industriellen Infrastruktur und seinem gigantischen Reservoir an hochqualifizierten Arbeitskräften an sich zu reißen.

Indes wurden in der SPD die alten antiamerikanischen Ressentiments unüberhörbar. Die Jusos von gestern eroberten eine Position nach der anderen in der Partei, und die Kritik an den Vereinigten Staaten, an ihren Streitkräften und an fast jedem unserer Schritte wurde immer lauter. Zur Zeit meiner Ernennung zum Botschafter schien sich fast die ganze Partei auf uns eingeschossen zu haben – wegen der Reste des Besatzungsregimes, wegen der Kosten, die unser

Schutz für Deutschland verursachte, wegen der Unannehmlichkeiten, die die amerikanische Präsenz in Deutschland mit sich brachte.

Ich war von dieser Haltung einigermaßen überrascht und sprach darüber mit politischen und militärischen Experten in der Botschaft und im State Department. Ein junger Beamter im Büro des Attachés für Arbeit legte mir eine glänzende Analyse vor, in der er versuchte, die Gründe des so weit verbreiteten Antiamerikanismus darzulegen. Offenbar war es die alte pazifistische Neigung der deutschen Linken, die sie seit 1960 dazu veranlaßte, auf nahezu jedes Problem, das uns betraf, mit Verdächtigungen und moralischen Vorwürfen zu reagieren. Hier kamen tiefverwurzelte Emotionen, eine romantische Politikferne nicht nur der Linken zum Vorschein. Ähnlich, eher noch feindseliger, verhielten sich die Grünen.

Jedenfalls schien in meinen Augen hinter den lautstarken Protesten gegen die Stationierung der Pershing-Raketen häufig der alte Wunsch zutage zu treten, Amerikas Einfluß in Europa zurückzudrängen, ein Wunsch, den die deutsche Linke mit vielen anderen europäischen Sozialisten teilte.

Der Zusammenbruch des »real existierenden Sozialismus« in Osteuropa hatte die Zuversicht vieler Intellektueller erschüttert; aber daß nun die Bedrohung durch die Sowjetunion verschwunden war, söhnte sie noch lange nicht mit den Vereinigten Staaten aus. Und manch einer, dessen Stimme in der Öffentlichkeit Gewicht besaß, zeigte sich wenig begeistert von der Aussicht auf die Wiedervereinigung Deutschlands, als diese 1989 Gestalt annahm. Man akzeptierte sie erst, als klar wurde, daß alles andere politischen Selbstmord bedeutet hätte.

Viele Sozialdemokraten schienen schlechthin alles, was auch nur den Anschein erweckte, den Interessen der Vereinigten Staaten zu dienen, für unvereinbar mit ihren politischen Zielsetzungen zu halten. Offenbar erlagen sie der alten Überzeugung der europäischen Linken, daß die Vereinigten Staaten eine unreife und korrupte Gesellschaft ohne Geschichte seien, deren Einfluß in Europa man zurückdrängen müsse, wenn eine gerechtere sozialistische Gesellschaft die alte Ordnung ablösen solle.

Typisch für diese Haltung war die anfangs starke Opposition der SPD gegen jeden Einsatz deutscher Truppen bei friedenserhaltenden Aktionen der UNO außerhalb des NATO-Gebietes. Man berief sich dabei auf die Verfassung, die solche Einsätze nicht zulasse. Wenn ich die Frage stellte, welcher Artikel der Verfassung denn derartige Aktionen verbiete, erhielt ich keine überzeugende Antwort. Schließlich ließ sich die SPD auf den Kompromiß ein, solche Einsätze nur unter dem Befehl der Vereinten Nationen, nicht aber der NATO zu gestatten.

Vergeblich hielt ich manchem Vertreter der SPD anhand meiner eigenen vierjährigen Erfahrungen als amerikanischer UN-Botschafter vor, daß diese Organisation aus 41 Demokratien und 119 Einparteien- oder autokratischen Regimes bestünde – letztere also allesamt Diktaturen dieser oder jener Art seien. Wollten sie das Leben ihrer jungen Soldaten wirklich lieber einer solchen Körperschaft als einer Organisation wie der NATO anvertrauen, deren Mitgliedsstaaten immerhin demokratische Verfassungen besäßen? Meine Gesprächspartner hatten keine stichhaltige Antwort auf diese Frage. Sie wollten einfach keine Einsätze der Bundeswehr »out of area« und hofften darauf, daß das Wunder der Resolution 678 (Irak) sich nicht wiederhole und der Fall nicht eintreten werde, daß Deutschland Truppen außerhalb des NATO-Gebietes einsetzen müßte.

Es war ein Bundestagsabgeordneter der SPD, der unterstellte, die Vereinigten Staaten könnten aus den finanziellen Beiträgen ihrer Bündnispartner im Golfkrieg Profit schlagen. In einem Gespräch mit mir bekannte dieser Mann später, er sei ein großer Freund der Vereinigten Staaten, deutete zugleich jedoch an, seiner Meinung nach seien die USA eine Gesellschaft im Niedergang. Von Jahr zu Jahr verschlechtere sich dort die Lage; das falle ihm bei jedem seiner Besuche auf. Die Amerikaner würden nicht einsehen wollen, daß inzwischen eine neue Generation von Deutschen herangewachsen sei, die nicht vor ihnen katzbuckele.

Ich erwiderte, er spreche mit einem amerikanischen Botschafter, der so etwas nie erlebt habe und bei seinem Amtsantritt die Anweisung gegeben habe, daß jede Mitteilung an die deutsche Regierung stets in beiden Sprachen auszufertigen sei. Und was den Vorwurf betreffe, die USA hätten Profite aus ihrem Einsatz am Golf geschlagen, so hätten die jungen Amerikaner, die im Krieg gefallen seien, die bestmögliche Antwort auf derart niederträchtige Beschuldigungen gegeben.

Natürlich gab es in der SPD auch andere Stimmen. Weder Willy Brandt noch Helmut Schmidt waren eingefleischte Antiamerikaner, und das galt auch für andere in dieser Partei. Aber sie waren nicht in der Mehrheit. Und auch Schmidt war immer ein scharfer Kritiker der amerikanischen Führung von Jimmy Carter bis Ronald Reagan gewesen (nur George Bush gestand er in einem Gespräch mit mir im Jahre 1991 sehr hohe Führungsqualitäten zu). Ich kenne jedoch kein SPD-Mitglied, das sich auch nur annähernd in dem Sinn geäußert hätte, wie Kanzler Kohl es anläßlich des 10. Jahrestages seiner Kanzlerschaft tat: »Ohne die Amerikaner hätte es keine deutsche Einheit gegeben.«

Viele Jahre bevor ich Botschafter in Deutschland wurde, sprachen der damalige Bundeskanzler Schmidt und ich einmal vor einem großen amerikanischen Publikum in Fort Lauderdale in Florida. Schmidt brachte seine Verachtung für die amerikanische Führung zum Ausdruck und malte die Zukunft in sehr düsteren Farben. Als ich nach ihm an das Rednerpult trat, sagte ich, meine Sicht auf die Zukunft sei nicht annähernd so pessimistisch.

»Sie sind ja auch ein Optimist!« rief er mir von seinem Platz im Publikum zu.

»Gott sei Dank!« antwortete ich auf deutsch.

»Sie sind ein Optimist«, fügte Schmidt noch hinzu, »weil Sie ein Amerikaner sind.«

»Noch einmal, Herr Bundeskanzler, Gott sei Dank!« erwiderte ich.

Wegen dieser Probleme mit den Sozialdemokraten verwandte ich mehr Zeit darauf, Brücken zu ihnen zu schlagen, als für die Kontakte zu jeder anderen Partei. Persönlich und im privaten Kreis waren ihre führenden Mitglieder stets freundlich, nicht aber in der Öffentlichkeit.

Mich selbst attackierte die SPD während der zweieinhalb Jahre in Bonn nur ein einziges Mal. Ich hatte in der SPD-nahen Friedrich-Ebert-Stiftung zu einer Zeit eine Rede gehalten, da es schien, die Sowjets stimmten der deutschen Einheit nur zu, wenn die Bundesrepublik aus der NATO austrat. Ich sagte, ich könne nicht für Deutschland sprechen, diese Entscheidung müßten die Deutschen selbst treffen, aber ich könne mit einigem Recht für die Vereinigten Staaten sprechen. Ich würde bezweifeln, daß der amerikanische Kongreß zustimmen könne, Truppen in Europa unter einem anderen Dach als dem der NATO zu belassen.

Einige Tage später erklärte Engholm, der damalige Ministerpräsident von Schleswig-Holstein, ich hätte »gefordert«, daß Deutschland im Nordatlantikpakt verbleibe. Vor der Presse dementierte ich, eine solche »Forderung« gestellt zu haben. Björn Engholm zog es vor, das nicht zu kommentieren, und wenn wir uns privat trafen, war er auch weiterhin die Freundlichkeit selbst.

Die deutsche Öffentlichkeit (insbesondere die Sozialdemokraten) billigte den Vereinigten Staaten kaum Verdienste am veränderten Verhalten der Sowjetunion unter Gorbatschow zu. Sie schienen zu glauben, Gorbatschow habe plötzlich und ohne jeden Grund entschieden, dem Westen entgegenzukommen, und alle Verbesserungen in den Ost-West-Beziehungen seien ausschließlich seiner Initiative zu verdanken. Kaum Anerkennung findet die Tatsache, daß der amerikanische Kongreß unter Präsident Reagan jedes Jahr einen Verteidigungshaushalt von 300 Milliarden Dollar beschloß (das entspricht etwa dem jährlichen Staatshaushalt der BRD, und Deutschland ist immerhin die drittgrößte Wirtschaftsmacht in der Welt). Die Sowjetunion versuchte verzweifelt, ihren Rüstungsvorsprung zu halten, konnte dies aber am Ende nicht mehr durchstehen. Gorbatschow sah sich gezwungen, einen Kurs zu ändern, der die Sowjetunion an den Rand des wirtschaftlichen und finanziellen Ruins geführt hatte.

Kurz vor Ausbruch des Golfkriegs sagte ich dem damaligen SPD-Vorsitzenden Vogel in einem Gespräch, wir würden jetzt mit Saddam Hussein das machen, was die Alliierten von Anfang an mit Hitler hätten machen sollen; dann wären der Welt ein schrecklicher Krieg und der Holocaust erspart geblieben. Wenn wir darauf warteten, bis Saddam Hussein Massenvernichtungswaffen atomarer, chemischer oder biologischer Art in die Hand bekäme, dann könne das zu einer Katastrophe für die ganze Menschheit werden. Ich würde wünschen, die SPD werde etwas mehr Verständnis zeigen und sich nicht allein von ihrer Ideologie leiten lassen. Vogel nickte, antwortete aber nichts.

Ich hoffte, daß er meine Worte zur Kenntnis genommen hatte und sie an seine Genossen weitergab. Ich sollte mich irren. Als sich die Alliierten in Marsch gesetzt hatten, um Kuweit zu befreien, erklärte Vogel der Weltpresse: »Ich bin sprachlos vor Entsetzen.«

Kurz vor dem Fall der Mauer erklärten mir Sozialdemokraten, sie hätten die Einladung der SED angenommen, eine Delegation zu entsenden, um gemeinsam Fragen zu diskutieren, die für beide Parteien von Interesse seien. Danach war an die Veröffentlichung einer gemeinsamen Erklärung gedacht. Man wollte wissen, was ich von der Idee hielte. Ich sagte, es gehe mich eigentlich nichts an, aber ich hielte einen solchen Schritt für sehr unklug. Die DDR liege in den letzten Zügen. Wenn es mit ihr vorbei sei, werde man Zugang zu den Archiven erhalten, und all das Flirten und Schnäbeln käme dann ans Licht – was für die SPD sehr peinlich werden könnte. Ich erntete Gelächter. Aber einige Stunden später erhielt ich Besuch von Egon Bahr, der gekommen war, um »herauszufinden, warum ein gemeinsames Kommuniqué nach meiner Auffassung eine schlechte Idee« sei. Ich erklärte es ihm.

Ich weiß nicht, ob es mir damals gelungen war, Egon Bahr zu überzeugen. Jedenfalls reiste die SPD-Delegation nicht in die DDR, und es gab kein gemeinsames Kommuniqué.

Meine Meinung vom bevorstehenden Zusammenbruch der DDR hatte ich auch dem Regierenden Bürgermeister von Berlin, dem Sozialdemokraten Walter Momper, dargelegt. Auch er hatte mich nur ausgelacht. Aber damit nicht genug. Er lief überall in Berlin herum und erzählte jedem, der es hören wollte, daß mein Gerede über die bevorstehende Einheit Deutschlands wenig hilfreich sei und die Einheit eher verzögern werde. Wie so viele andere hatte er kein Ohr für das wütende Tosen der steigenden Flut.

Kurz bevor ich Deutschland verließ, hatte ich ein Abschiedsgespräch mit Hans-Jochen Vogel. Ich fragte ihn, ob ich als amerikanischer Botschafter versagt hätte. Er verstand nicht, worauf ich mit dieser Frage hinauswollte. Ich wies ihn darauf hin, daß seine Partei gegen alles Front gemacht hatte, was ich den Deutschen während meiner Amtszeit empfohlen hatte. Vogel lachte. »Sie haben keineswegs versagt«, sagte er. »Sie haben die Regierung durchaus zu einigem bewegen können. Aber wir sind in der Opposition zu Bundeskanzler Kohl und müssen eben Protest gegen seine Vorschläge erheben, wenn wir nicht als Jasager erscheinen wollen. Sie haben Ihren Job getan und wir den unsrigen, das ist alles.«

Berlin beim Fall der Mauer

Am 19. Januar 1989 hatte Erich Honecker in Berlin als Antwort auf die Reden der Außenminister Genscher und Shultz während der KSZE-Folgekonferenz in Wien gesagt: »Die Mauer wird so lange bleiben, wie die Bedingungen nicht geändert werden, die zu ihrer Errichtung geführt haben. Sie wird auch in fünfzig oder hundert Jahren noch bestehenbleiben, wenn die dazu vorhandenen Gründe nicht beseitigt sind.« Das war dieselbe Sprache, die auch der sowjetische Botschafter in Ostdeutschland, Herr Kotschemassow, gebrauchte, als ich ihn nach der Mauer fragte. Ich hatte ihm geantwortet: »Wenn Sie das wirklich glauben, dann haben Sie den Kontakt zum realen Leben verloren.«

Am 7. Oktober 1989 feierte die DDR ihren Jahrestag mit viel Pomp und einer Militärparade. Zugleich gab es bereits Massendemonstrationen in mehreren Städten. Am 18. Oktober trat Honecker nach weiteren Großdemonstrationen »aus gesundheitlichen Gründen« zurück. Vier Tage später konnte man zum ersten Mal scharfe Kritik an ihm in der sowjetischen Presse lesen.

Am 9. November rief gegen 21.30 Uhr unsere Mission in Berlin bei mir an und informierte mich, daß berichtet werde, ein Übergang in der Mauer sei offen und dort sowie vermutlich auch an anderen Passierstellen stürmten Menschenmengen in den Westteil der Stadt, ohne daß sich die ostdeutschen Grenzposten ihnen in den Weg stellten.

Mein erster Gedanke war, noch in dieser Nacht nach Berlin zu fliegen. Aber meine Mitarbeiter rieten mir, in Bonn zu bleiben, falls aus den USA eine dringende Botschaft an die deutsche Regierung käme. Sehr gegen meinen Willen blieb ich und ging zu Bett, konnte aber keinen Schlaf finden. Den größten Teil der Nacht schaute ich mir im Fernsehen die Menschenmenge an, die nach Westberlin hineinströmte und dort mit überschäumender Freude begrüßt wurde. Außerdem hielt mich unsere Berliner Vertretung unter Harry Gilmore ständig auf dem laufenden.

Die Stadt erlebte eine Nacht hysterischer Freude. Nach fast dreißig Jahren erzwungener Trennung sahen sich Freunde und Verwandte wieder. Fremde fielen einander vor Freude in die Arme.

Am nächsten Morgen ging ich zeitig in mein Büro, um die aus aller Welt eingetroffenen Telegramme zu lesen. Die internationalen Reaktionen auf den Fall der Mauer waren fast durchweg positiv, und auch Moskau erhob keinen Protest. Alles schien gutzugehen. Als mich Außenminister Baker anrief, informierte ich ihn, daß in der Nacht und während des Tages einige hunderttausend Menschen von Ost- nach Westberlin gekommen waren. Die meisten führen abends wieder zurück, da sie nun wüßten, daß sie nach Westberlin kommen konnten, wann immer sie wollten. Ich teilte ihm auch mit, daß ich selbst am nächsten Morgen in aller Frühe nach Berlin fahren wollte. Mein Stellvertreter George Ward sollte in Bonn bleiben, um ständige Verbindung zur deutschen Regierung zu halten. Er sprach ausgezeichnet Deutsch und war schon zum zweiten Mal in diesem Lande stationiert.

Daß ich an diesem Tag in Bonn geblieben war, stellte sich später als ein ausgesprochener Glücksfall heraus. Denn um die Mittagsstunde erreichte mich ein verzweifelter Anruf aus dem Bundeskanzleramt. Der Kanzler mußte an diesem Nachmittag in Berlin sein, um an einer wichtigen politischen Kundgebung teilzunehmen, zu der der Regierende Bürgermeister Momper eingeladen hatte. Seine deutsche Luftwaffenmaschine durfte die Korridore über Ostdeutschland nicht benutzen, und er brauchte dringend eine Maschine, die ihn um 16.00 Uhr von Hamburg nach Berlin brachte.

Ich versuchte sofort General Duggan, den Befehlshaber der US-Army in Europa, zu erreichen, um ihm diese Bitte zu übermitteln. Das erwies sich jedoch als sehr schwierig, da Duggan nicht in seinem Hauptquartier war, sondern an einem Manöver irgendwo in Norddeutschland teilnahm. Meine Mitarbeiter wollten die Suche schon aufgeben, aber ich zitierte ihnen, was General Clark mir während des zweiten Weltkrieges gesagt hatte, als ich versucht hatte, ihm die Schwierigkeiten zu erklären, einen seiner Befehle auszuführen: »Mich interessieren Ihre Erklärungen nicht. Ich will Ergebnisse, zeigen Sie sie mir.« Schließlich hatte ich General Duggan am Apparat, und kurz darauf war ein Flugzeug unterwegs nach Hamburg.

In einer späteren Rede zur deutschen Einheit beschrieb Kanzler Kohl seine Schwierigkeit, nach Berlin zu kommen, mit den Worten: »Wegen der Sonderrechte der Alliierten konnte ich nicht in einer Maschine der deutschen Luftwaffe nach Berlin fliegen. Ich mußte einen Umweg über Hamburg machen. Dort hatte der damalige amerikanische Botschafter in Deutschland, Vernon Walters, ein phantastisch hilfreicher Mann, der so viel für die deutsche Einheit getan hat, eine Maschine der US Air Force für mich bereitgestellt, und so konnten wir nach Berlin fliegen.«

Nachdem ich dem Kanzler das Flugzeug besorgt hatte, flog ich selbst nach Berlin und wurde bei der Landung auf dem Flughafen Tempelhof vom amerikanischen Militärkommandanten, Generalmajor Ray Haddock, begrüßt.

Wir bestiegen einen Hubschrauber und drehten eine Runde über Westberlin. Als wir am Brandenburger Tor vorbeiflogen, konnte ich ostdeutsche Grenzposten sehen, die jubelnden Demonstranten auf der Westseite der Grenze halfen, die Mauer zu erklimmen.

Ich bin kein Deutscher. Ich hatte im zweiten Weltkrieg gegen die deutsche Armee gekämpft und war erschüttert über die Enthüllung des Holocaust gewesen. Und doch empfand ich jetzt eine überwältigende Freude. Es war ein Augenblick wie kaum ein anderer in meinem Leben. Plötzlich wurde mir bewußt, daß der lange Krieg um Freiheit und Demokratie, der fast mein ganzes Leben gedauert hatte und in dem ich an so vielen Kriegsschauplätzen mitgekämpft hatte, nun zu Ende ging. Die Freiheit hatte gesiegt. Ich gestehe, daß mir Tränen in die Augen stiegen. Es waren Tränen der Freude und der Dankbarkeit dafür, daß Gott es mir vergönnt hatte, diese Stunde zu erleben.

Wir flogen zum Nord- und Westteil der großen Stadt, und so weit das Auge reichte, sahen wir die Kolonnen ostdeutscher Autos, die nach Westberlin hineinfahren wollten, gesäumt von Fußgängerschlangen, die ebenfalls nach Westberlin strömten. Die Autokarawanen reichten weit über die Vororte der Stadt hinaus aufs flache Land.

Unser Hubschrauber landete auf dem Golfplatz im Südwesten von Berlin. Ich wollte zur Glienicker Brücke, einem der ersten Übergänge, den man zwischen Ostdeutschland und Westberlin eingerichtet hatte. Die meisten anderen waren Übergänge von Ost- nach Westberlin. Außerdem hatte die Glienicker Brücke für mich als ehemaligen stellvertretenden CIA-Direktor eine ganz besondere Bedeutung: An dieser Stelle hatten wir jahrelang im Austausch mit den Sowjets Agenten in Empfang genommen, die ich nicht mehr lebend wiederzusehen glaubte.

Nach der Landung fuhren General Haddock und ich durch große Menschenmengen in Richtung Glienicke, parkten dort den Wagen und legten das letzte Stück zur Brücke zu Fuß zurück. Viele Menschen erkannten und begrüßten uns. Der Kommandeur der Westberliner Polizei auf der Brücke bat mich, dem Kommandeur der ostdeutschen Grenzposten zu danken, der bei der Öffnung des Übergangs sehr hilfreich gewesen war. Ich schritt bis zur Mitte der Brücke, wobei ich streng darauf achtete, die Grenzlinie nicht zu überschreiten, und brachte dem überraschten Offizier der ostdeutschen Grenztruppen meinen Dank zum Ausdruck.

Unterdessen strömten buchstäblich Tausende von Ostdeutschen über die Brücke nach Westberlin, wo Tausende von Westberlinern in ihren Wagen warteten, um ihre Landsleute überall dorthin zu fahren, wohin diese gerade wollten. Jubelnd tätschelte man die kleinen, qualmenden Trabis. Überall um mich herum fanden Freunde und Verwandte, die sich jahrelang nicht gesehen hatten, einander wieder, fielen sich in die Arme, und viele schluchzten ganz offen. Ich glaube, niemals und nirgendwo in meinem Leben habe ich jemals so viele erwachsene Männer mit Tränen in den Augen gesehen wie an diesem Tag auf der Glienicker Brücke.

Am Westberliner Ende der Brücke stand ein Mann neben einem Berg von Kartons mit Blumen. Er überreichte jeder Frau, die nach Westberlin kam, einen dicken Strauß. Ich fragte ihn, ob er Westberliner sei. Er verneinte, und als ich ihn fragte, woher er komme, sagte er: »Aus Hamburg.«

Ich wollte wissen, warum er alle diese Blumen an fremde Menschen verschenke. Er schaute mir gerade in die Augen und antwortete: »Herr Botschafter, das sind keine Fremden, das sind meine Landsleute.«

Bis spät in die Nacht waren die Straßen von Berlin überfüllt von jubelnden Berlinern aus Ost und West, die den Fall der Mauer feierten. Für mich als amerikanischen Botschafter war es atemberaubend, zu sehen, mit welcher Freude hier die beiden Teile eines Volkes zusammenkamen. In vielen früheren Diskussionen mit Amerikanern, Briten und Franzosen, die häufig Bedenken gegen die Wiedervereinigung Deutschlands geäußert hatten, hatte ich die Meinung vertreten, daß von einer geteilten Nation viel größere Spannungen ausgingen als von einem Volk, das mit sich selbst einig ist. An diesem Tag glaubte ich zu sehen, wie sehr ich recht gehabt hatte.

Nach dem Flug über die Stadt und der Fahrt zur Glienicker Brücke kehrte ich in die Residenz zurück, aß zu Mittag und ging dann am Nachmittag zum Rathaus Schöneberg, von dessen Balkon aus Präsident Kennedy einst ausgerufen hatte: »Ich bin ein Berliner«. Hierher hatte Bürgermeister Momper zu einer Kundgebung eingeladen, um den Fall der Mauer zu feiern. Etwa 30000 Menschen waren gekommen. Aber als habe Momper eigens ein dem Bundeskanzler feindselig gesinntes Publikum zusammengeholt, um ihm den Triumph des Tages streitig zu machen, wurde Kohl bei seiner Ankunft mit Buhrufen und Pfiffen bedacht, ganz anders als Momper, Willy Brandt und Genscher, die man bei ihrem Eintreffen bejubelt hatte.

In seiner Rede rief Momper aus, die Deutschen seien jetzt die glücklichsten Menschen auf der Welt, weil dies der Tag des Wiedersehens sei – nicht aber der Tag der Einheit, die die Ost- und Westberliner in meinen Augen schon am Tag zuvor gefeiert hatten. Willy Brandt sagte, die unnatürliche Teilung Deutschlands müsse überwunden werden: »Es muß zusammenwachsen, was zusammengehört.« Genscher hingegen vermied in seiner Rede sorgfältig jedes Wort von Wiedervereinigung.

Dann sprach der Bundeskanzler, der wenige Minuten zuvor eine dringende Botschaft aus Moskau erhalten hatte, in der Gorbatschow zu Ruhe und Umsicht mahnte. Bei Kohls ersten Worten erklangen erneut Buhrufe und Pfiffe. Er sagte seinen Zuhörern, die Deutschen würden nun ihren Weg zu einer gemeinsamen Zukunft finden, und dankte als einziger Redner des Tages den amerikanischen, britischen und französischen Freunden für ihre Solidarität und Unterstützung, die für die Freiheit und die Existenz Westberlins in den vergangenen Jahrzehnten so entscheidend gewesen war. Gegenüber Präsident Gorbatschow brachte er seinen Respekt zum Ausdruck. Unter erneuten Buhrufen und Pfiffen trat er ab.

Dann ging die Fahrt zur Kaiser-Wilhelm-Gedächtniskirche. Hier herrschte eine andere Stimmung. 150000 begeisterte Berliner hatten sich auf dem Platz vor dem Europa-Center versammelt und begrüßten den Kanzler mit donnerndem Applaus. Auch am Checkpoint Charlie, wo Massen von Ostberlinern nach Westberlin strömten, erklangen die Rufe »Helmut, Helmut«, sobald die Menschen Kohl erkannten. Zweifellos entschädigte ihn das etwas für die unwürdigen Szenen vor dem Schöneberger Rathaus.

Um 20.00 Uhr abends flog Kohl in derselben Maschine der US Air Force zurück nach Bonn, die ihn nach Berlin gebracht hatte. Ein außerordentlicher Tag ging für ihn zu Ende. Vielleicht ahnte er schon zu diesem Zeitpunkt, daß er als derjenige Kanzler in die Geschichte eingehen würde, der Deutschland auf den Weg zu der schon verloren geglaubten Einheit zurückgeführt hatte. Vom Fall der Mauer bis zur Vollendung der deutschen Einheit lag noch ein weiter Weg vor ihm. Es gab noch viel zu tun. Aber Kohl neigt nicht zur Selbstunterschätzung. Sicher glaubte er, daß er in der Lage war, das Werk der Einheit zu vollenden.

Und der Tag war nicht so fern, wie viele in Deutschland und anderswo glaubten. Eine Situation war entstanden, die die deutsche Einheit unausweichlich machte, wenngleich es noch zahlreiche komplizierte Probleme und Fragen zu klären galt, die mit dem Beitritt Ostdeutschlands zur Bundesrepublik verbunden waren.

Auch über die internationalen Aspekte der Vereinigung beider deutscher Staaten mußten Abkommen mit den Alliierten, der Sowjetunion und Polen ausgehandelt werden. Kaum einer sah voraus, daß alle diese komplizierten deutsch-deutschen und internationalen Verträge in weniger als einem Jahr unter Dach und Fach gebracht werden würden. Am 3. Oktober 1990 sollten die beiden deutschen Staaten ihre Vereinigung vollziehen und ihre gemeinsame Flagge über dem Reichstagsgebäude in Berlin hissen.

An diesem Tag nahm ein langer und schwieriger Weg seinen Anfang, den die Deutschen nun gemeinsam beschreiten. Nach 45 Jahren der Teilung fällt es den beiden Landeshälften nicht ganz leicht, wieder zusammenzufinden, und der Weg, der noch vor ihnen liegt, wird steinig sein. Aber ich war und bin überzeugt, daß sie es schaffen werden.

Nach dem Mauerfall

Ich habe bereits berichtet, wie überrascht ich war, festzustellen, daß nur wenige Mitarbeiter der Botschaft mein Vorgefühl teilten, die Einheit Deutschlands stehe vor der Tür. Noch größer aber war meine Verwunderung darüber, daß auch in Bonn außerhalb der unmittelbaren Umgebung des Kanzlers nur wenige Politiker die Einheit Deutschlands in naher Zukunft verwirklicht sehen wollten. Eher überwog die Sorge, was Deutschlands Nachbarn von einem wiedervereinigten Deutschland halten könnten.

Das Zentrum dieser Besorgnisse lag im Auswärtigen Amt. Hier war man offenbar vor allem darauf bedacht, Deutschland fest in die Europäische Gemeinschaft einzubinden, und fast ängstlich fragte man sich, wie Frankreich und Polen und in geringerem Maße auch Großbritannien auf die Möglichkeit eines vereinigten Deutschland mit 80 Millionen Einwohnern reagieren würden.

Auch Genscher schien es wichtiger, Rücksicht auf die europäischen Nachbarn zu nehmen, als das Atlantische Bündnis zu stärken. So hatte er mir gegenüber bald nach meinem Amtsantritt in Deutschland klargestellt, daß er gegen die Stationierung atomarer Kurzstreckenraketen auf deutschem Boden sei und dieses Problem demnächst zur Sprache bringen wolle.

Zwar war er sich bewußt, daß Deutschlands Freiheit in der Zeit Stalins und Breshnews allein durch das Bündnis mit den USA geschützt worden war. Und doch hatte ich den Eindruck, daß er der amerikanischen Präsenz in Europa nicht mehr dieselbe Bedeutung wie ehedem beimaß. Vor allem sollte nichts unternommen werden, was Gorbatschows Machtposition in der Sowjetunion schwächen konnte, und für Genscher stand fest, daß Gorbatschow die deutsche Einheit aus innenpolitischen Gründen nicht akzeptieren konnte. Er glaubte, daß die deutsche Einheit erst dann kommen werde, wenn sich die sowjetische Öffentlichkeit davon überzeugt haben würde, daß ein vereinigtes Deutschland keine Bedrohung der Sowjetunion und ihrer Interessen darstelle.

Im Bundeskanzleramt hingegen war die Lage völlig anders. Hier maß man der Einheit Deutschlands höchste Priorität bei, ohne natürlich Deutschlands Einbindung in die Europäische Gemeinschaft gefährden zu wollen. Der Kanzler und seine engsten Berater schienen von dem Glauben erfüllt zu sein, daß nun eine Gelegenheit für die Vereinigung Deutschlands gekommen war, die so bald nicht wiederkehren würde. Kanzleramtschef Seiters und Kohls Berater Teltschik strebten deshalb die Vereinigung Deutschlands zum frühestmöglichen Zeitpunkt an. Das hatte für sie sogar Vorrang vor dem Erhalt der Machtposition Gorbatschows.

So sah ich mich mit der etwas eigenartigen Tatsache konfrontiert, daß es im Grunde genommen zwei Arten deutscher Außenpolitik gab. Bundeskanzler Kohl und seine Mitarbeiter traten konsequent für die

Vereinigung Deutschlands zum frühestmöglichen Zeitpunkt ein, im Auswärtigen Amt hingegen war man bemüht, mit einer ganz an europäischen Interessen ausgerichteten Politik die Nachbarn bei Stimmung zu halten. Man wollte damit eventuelle Befürchtungen über die Einheit Deutschlands abbauen und klarstellen, daß für Deutschland Europa den Vorrang besaß – vor dem Nordatlantischen Bündnis und erst recht vor einer deutschen Wiedervereinigung. Eng verbunden damit war das Bemühen, nichts zu tun, was Gorbatschows Machtposition in der Sowjetunion gefährden konnte.

Aber auch jenseits des Atlantiks entwickelte sich eine kuriose Zweigleisigkeit in der Außenpolitik. In Washington war es Präsident Bush, der, ähnlich wie der Bundeskanzler, durchaus zu erfassen schien, daß sich hier eine einmalige Chance für die Vereinigung Deutschlands ergeben hatte, die man beim Schopf packen mußte. Da seiner Ansicht nach für den Frieden eine viel größere Gefahr von einer künstlich geteilten Nation als von einem friedlich geeinten Land ausgehe, müsse Washington die Politik Bundeskanzler Kohls auf diesem Gebiet uneingeschränkt unterstützen.

Außenminister Baker hingegen stand meines Erachtens den Auffassungen Genschers wesentlich näher. Wie dieser war er überzeugt, daß allein Gorbatschow uns helfen konnte, eine friedlichere Welt aufzubauen. Deshalb sollte nichts unternommen werden, was dessen Position in der Sowjetunion schwächen konnte. Baker übersah dabei, daß Gorbatschow längst jene Kräfte freigesetzt hatte, die ihn schließlich selbst verschlingen sollten.

Jedenfalls sah der Außenminister keine Alternative zu Gorbatschow, und entsprechende Ratschläge gab er auch Präsident Bush. Das war der Grund, weshalb Boris Jelzin bei seinem ersten Besuch in Washington nicht von Präsident Bush im Weißen Haus, sondern vom Nationalen Sicherheitsberater Brent Scowcroft empfangen wurde. Ich bin sicher, auch Bakers späterer Besuch bei Modrow, dem Regierungschef der DDR, in Potsdam, den er gegen meinen Rat unternahm, ist darauf zurückzuführen, daß er glaubte, er könne damit Gorbatschows Position im sowjetischen Machtkampf in irgendeiner Weise stärken. Und tatsächlich ließ Gorbatschow ja keine Gelegenheit verstreichen, dem Westen einzureden, er habe »zwischen mir oder den alten Hardlinern« zu wählen.

Viele glaubten ihm. Auch Baker wollte den Präsidenten von dieser Auffassung überzeugen, was ihm jedoch nicht gelang. Denn bald nach meinem Amtsantritt in Deutschland gab Bush eine Erklärung ab, in der er darauf hinwies, er erwarte die Einheit Deutschlands noch während seiner Amtszeit.

Tatsächlich war der Fall der Mauer für die deutsche Wiedervereinigung der Zeitpunkt, von dem an es kein Zurück mehr gab. Nun ging es immer schneller auf die Einheit zu. Die Worte des Kanzlers von »konföderativen Strukturen« wurden von der Entwicklung bald überholt. Die sich überstürzenden Ereignisse setzten alle Restriktionen für den Verkehr zwischen den beiden deutschen Staaten, die das Werk der Siegermächte von 1945 waren, faktisch außer Kraft.

Der Zusammenbruch der DDR schuf also eine Situation, die zu einem logischen politischen und wirtschaftlichen Abschluß geführt werden mußte. Bei dem heutigen Hang zu geschriebenen Verfassungen (dem alle außer den Briten verfallen sind, die keine geschriebene Verfassung besitzen) hätte es quälend langer Verhandlungen bedurft, um die Veränderungen in eine feste schriftliche Form zu gießen und zu legalisieren, die Europa und im Grunde genommen die ganze Welt wie ein Erdbeben erschütterten und heute noch erschüttern.

Nach wie vor dachte man in beiden Staaten viel darüber nach, ob es nicht etwas weniger sein könnte als eine totale Verschmelzung der beiden Staaten, die nach fast fünfzig Jahren getrennten Daseins fast undenkbar schien. Selbst manch einer im Westen war von der Idee fasziniert, man müsse etwas von der eigenen Identität erhalten, die die Ostdeutschen entwickelt hatten. In meinen Augen war das purer Unsinn.

Aber ohnehin zwang der Prozeß der Vereinigung, je mehr er an Tempo und Kraft gewann, den Politikern im Westen wie im Osten sein Schrittmaß auf. Die Worte »Deutschland, einig Vaterland«, die die Verfechter der Einheit der alten ostdeutschen Hymne entnommen hatten, gewannen immer mehr an Gewicht. Es war unmöglich geworden, die Entwicklung abzubremsen. Die Geschichte hatte sich in Marsch gesetzt, es gab kein Halten mehr. Ich sagte vielen meiner Gesprächspartner in diesen Tagen: »Die Flut steigt.«

Nur wenige schienen jedoch bereit zu sein, sich den Konsequenzen der sofortigen Wiedervereinigung in vollem Maße zu stellen. Die Sozialdemokraten und in geringerem Maße auch die Freien Demokraten konnten sich aus zwei Gründen nur wenig dafür erwärmen. Erstens, weil es eindeutig sehr teuer werden würde, und zweitens, weil das größte Verdienst an der deutschen Einheit eindeutig Kanzler Kohl zufiele. Außerdem fürchteten beide Parteien, daß eine totale Einheit einige Freunde und Nachbarn Deutschlands in der Europäischen Gemeinschaft schockieren könnte.

Ganz offen und ohne Umschweife gesagt, waren die Vereinigten Staaten nahezu die einzigen, die sich klar für die Einheit Deutschlands in allernächster Zukunft aussprachen, vorausgesetzt, sie würde auf friedliche und demokratische Weise, durch eine klare Willensäußerung des ganzen deutschen Volkes erreicht werden.

In Washington war man grundsätzlich der Meinung, daß die künstliche Teilung Deutschlands viel größere internationale Spannungen heraufbeschwor als ein friedlich geeintes, demokratisches Land. Und die Bundesrepublik hatte ja fast ein halbes Jahrhundert lang ihren wahrhaft demokratischen Charakter bewiesen. Davon war insbesondere Präsident Bush tief überzeugt. Die Bundesrepublik Deutschland galt inzwischen als ein Land, das nicht nur für die meisten Deutschen im Osten, sondern auch für viele Europäer Anziehungskraft besaß.

Gleichwohl fiel es den Briten, den Franzosen und anderen Europäern nicht leicht, sich mit dem Gedanken an ein vereinigtes Deutschland anzufreunden. Die Besorgnisse der Westeuropäer beschrieb vielleicht am besten ein Kollege in Bonn kurz vor dem Fall der

Mauer: »Wir müssen etwas tun«, sagte er, »damit dies nicht geschieht.« Ich antwortete: »Es gibt keine Möglichkeit, das noch zu verhindern, es sei denn, mit massivem Einsatz von Gewalt.«

Sosehr der in Gang gekommene Prozeß der deutschen Vereinigung in Washington begrüßt wurde, war man dort doch unter allen Umständen bemüht, eine Entwicklung zu verhindern, die sich negativ auf die Position Gorbatschows im sowjetischen Machtapparat auswirken konnte. Denn nicht nur in den obersten Etagen des State Department, sondern auch unter unseren Verbündeten war die Überzeugung weit verbreitet, daß es zu Gorbatschow keine akzeptable Alternative gab.

Kurz bevor Kohl den sowjetischen Präsidenten im Kaukasus besuchte, sagte er mir, Gorbatschow habe ihn telefonisch eingeladen, um mit der sowjetischen Führung Fragen zu klären, die zwischen den beiden Regierungen noch offen seien. »Wenn Sie mich einladen, um mir die deutsche Einheit für den Austritt Deutschlands aus der NATO anzubieten«, habe Kohl geantwortet, »dann müssen Sie wissen, daß ich die deutsche Einheit nicht für diesen Preis kaufen werde. Wahrscheinlich werden wir sie ohnehin bekommen.«

»Kommen Sie trotzdem«, sei die Antwort Gorbatschows gewesen, »das wird kein Problem sein. Wir werden die Dinge schon regeln.«

»Das können Sie Ihrer Regierung mitteilen«, sagte Kohl nun zu mir.

Sein Hauptproblem bestand darin, nicht nur Gorbatschow, sondern auch die anderen sowjetischen Verhandlungsführer davon zu überzeugen, daß ein vereintes Deutschland ihre Interessen nicht bedrohte. Wenn die Sowjets einen Abbau der Bundeswehr fordern würden, wollte er ihnen substantielle Zugeständnisse anbieten, um ihrem Sicherheitsbedürfnis entgegenzukommen. Die Mitgliedschaft eines vereinigten Deutschlands in der NATO stand für ihn jedoch außer Zweifel.

Es beruhigte mich, dies vom Chef der deutschen Regierung zu hören. Immerhin hatten einige Mitglieder der Regierungskoalition von der FDP und sogar manche Christdemokraten in dieser Frage beträchtlich »gewackelt«, wie Mrs. Thatcher das genannt hätte. Ich hatte den Eindruck, daß auch die meisten Sozialdemokraten über einen Auszug Deutschlands aus dem Nordatlantikpakt nicht gerade unglücklich gewesen wären.

Als der Kanzler vom Kaukasus zurückkehrte, berichtete er mir, die Deutschen hätten von Anfang an darauf bestanden, daß diese Frage in das Kommuniqué aufgenommen wurde, das zum Abschluß der Gespräche erschien. Die Sowjets hätten sich dem nicht widersetzt. Das Problem war während der Diskussion nicht angesprochen worden, und im Entwurf des Kommuniqués hieß es, beide Staaten blieben weiterhin Mitglieder der kollektiven Sicherheitsorganisationen, denen sie angehörten. Gorbatschow hatte verstanden, was Kohl ihm am Telefon gesagt hatte, bevor sie zusammentrafen.

Ich war mir sicher, daß man diese Nachrichten in Washington mit Erleichterung aufnahm, wenngleich das Angebot des Kanzlers, die Bundeswehr von 500000 auf 370000 Mann zu reduzieren, auf Kritik stoßen würde. Dazu kam noch die Festlegung, daß keine ausländischen, nichtdeutschen Truppen in das bisherige Gebiet der Deutschen Demokratischen Republik einrücken sollten, ausgenommen die Sicherheitskräfte der Alliierten, die bereits in Berlin stationiert waren.

Kohl verstand weit besser als viele Mitglieder der Regierungskoalition und die meisten Vertreter der Opposition, daß die amerikanische Militärpräsenz in Europa ein stabilisierender Faktor war. Und er nahm zu Recht an, daß die Sowjets diese Auffassung teilten und es lieber sahen, wenn die deutschen Streitkräfte einem amerikanischen NATO-Befehlshaber statt einem unabhängigen deutschen Kommando unterstellt waren.

Was die Stimmung in Frankreich betraf, so hatte ich den Eindruck, daß sich dort zwar viele einen Abbau der politischen Präsenz der Amerikaner in Europa wünschten, andererseits aber nicht unglücklich darüber waren, daß die Amerikaner militärisch als Gegengewicht zu den Sowjets und den Deutschen präsent blieben. Und vielleicht setzte man in Paris auch darauf, daß die Deutschen durch Schuldgefühle wegen ihrer Vergangenheit davon abgehalten werden würden, die Vorherrschaft in der Gemeinschaft anzustreben.

In dieser Zeit kamen zwei getrennte Verhandlungsprozesse in Gang. Zunächst begannen die sogenannten Zwei-Plus-Vier-Verhandlungen zwischen den beiden deutschen Staaten und den Siegermächten des zweiten Weltkrieges. Daneben fanden wichtige Verhandlungen zwischen den beiden deutschen Staaten statt, in denen eine riesige Zahl von Problemen zu klären war, die sich aus der Vereinigung der beiden Staaten ergaben. Dazu gehörten die Währungsumstellung, die Staatsschulden, die Verbindlichkeiten der DDR, etwa gegenüber der Sowjetunion, Eigentumsfragen, zahlreiche gesetzliche, rechtliche Probleme und vieles andere. Schließlich kam ein Dokument von über tausend Seiten zustande, das der Bundestag im Westen und die Volkskammer im Osten zunächst ratifizieren mußten, bevor der letzte Schritt zur deutschen Einheit getan werden konnte.

Die westdeutsche Zustimmung, einen Teil der Ostmark-Guthaben im Verhältnis eins zu eins zu tauschen, während der Schwarzmarktkurs um ein Vielfaches höher lag, war sicherlich das größte Finanzgeschenk in der Geschichte. Kohl betrachtete dies als unverzichtbar, wenn die Einheit greifen sollte, wenngleich es eine beträchtliche Last für die westdeutsche Wirtschaft darstellte. Die Opposition reagierte denn auch prompt mit dem Aufschrei: »Das ist zuviel Geld!«

Ich fragte mich, wie hoch in ihren Augen die Kosten für die deutsche Einheit nach fünfzig Jahren Teilung sein durften, und erinnerte mich, daß einst ein Amerikaner von einem ausländischen Gast gefragt worden war, wieviel es gekostet habe, die Bundeshauptstadt von New York nach Washington zu verlegen. »Das weiß niemand«, hatte er zur Antwort erhalten, »und was bedeutet es schon?«

Der Prozeß der Vereinigung rollte inzwischen unaufhaltsam seiner Vollendung entgegen, viel schneller, als alle erwartet hatten, vielleicht mit Ausnahme des Kanzlers. Bundespräsident von Weizsäcker berichtete mir von einem Erlebnis bei einem seiner ersten Berlinbesuche nach Öffnung der Grenzen. Als er durch ein Loch in der Mauer getreten sei, sei ein ostdeutscher Grenzposten hinzugesprungen, habe Weizsäcker erkannt, salutiert und gemeldet: »Herr Bundespräsident, in diesem Abschnitt ist alles ruhig, keine besonderen Vorkommnisse.« Er hatte instinktiv die Tatsache akzeptiert, daß der Präsident der Bundesrepublik bereits der Präsident aller Deutschen war.

Am 28. November verkündete Kanzler Kohl seine zehn Punkte, in denen es hieß: »Die Einheit Deutschlands wird kommen, wenn die Menschen in Deutschland sie wollen.« Kurz danach schloß man Honecker aus der Sozialistischen Einheitspartei aus, der das Wort Gorbatschows nicht hatte begreifen wollen: »Wer zu spät kommt, den bestraft das Leben.«

Am 12. Dezember begleitete ich Außenminister Baker nach Berlin. Er hielt dort eine in meinen Augen recht propagandistisch gefärbte Rede, in der er zu »neuem europäischem und atlantischem Denken« aufforderte. Was das sein sollte, war mir nicht klar. Schließlich war das alte atlantische Denken doch ziemlich erfolgreich gewesen; es hatte den Krieg verhindert und den Völkern Osteuropas geholfen, Freiheit und Demokratie zu erringen.

Der Giftgaszug
14. September 1990

Obwohl der Verteidigungshaushalt der USA in den Jahren nach dem zweiten Weltkrieg auf kaum 13 Milliarden Dollar im Jahr gesunken war, war bald erkennbar geworden, daß die Sowjetunion keine ähnliche Demobilisierung ihrer Streitkräfte betrieb und starke konventionelle Truppen längs der Linie zwischen Westdeutschland und ihrem ostdeutschen Satellitenstaat stationierte. Die Gruppe der sowjetischen Streitkräfte in Deutschland bestand aus 22 Divisionen. Überdies erfuhren wir, daß die Sowjetunion große Lager von chemischen Waffen in Ostdeutschland anlegte, ein Programm der chemischen Aufrüstung energisch vorantrieb und neue tödliche Gase entwickelte.

Derartige Informationen waren nicht bruchstückhaft oder widersprüchlich, sondern stammten aus verläßlichen Quellen und ließen auch nicht den geringsten Zweifel zu. Der Beschluß zur chemischen Aufrüstung war in der Sowjetunion auf höchster Ebene gefaßt worden, und bei ihren Manövern hatten sowjetische Truppen stets Gasmasken bei sich und erhielten Schutzkleidung gegen biologische Waffen.

Wir wußten also, daß die Gruppe der sowjetischen Streitkräfte in Deutschland große Vorräte an chemischen Waffen zur Verfügung hatte, die im Kriegsfall gegen die NATO-Staaten eingesetzt werden sollten.

Angesichts der Informationen über die Existenz solcher Waffen und ihre Stationierung in vorgeschobenen Gebieten der Staaten des Warschauer Vertrages entsprach es nur der Logik der Abschreckungspolitik, daß wir ein ähnliches Potential derartiger Waffen im westlichen Teil Deutschlands lagerten. Die Fähigkeit, im Fall eines sowjetischen Giftgaseinsatzes mit gleichen Waffen zurückschlagen zu können, war ein entscheidender Faktor, der den Warschauer Vertrag von einem Einsatz dieser Waffengattung abhalten konnte.

Giftgas war erstmals von den Deutschen im ersten Weltkrieg eingesetzt worden und hatte ihnen zunächst einige Vorteile verschafft. Als die Alliierten später aber Schutzmasken und ähnliche Waffen entwickelten, ging dieser Vorteil wieder verloren. Nach dem Krieg waren die Forschungen auf dem Gebiet chemischer Waffen überall in der Welt weitergegangen, und es kam zu neuen Entwicklungen; so wurde etwa eine ganze Reihe von neuen Nervengasen entdeckt, die ihre verheerende Wirkung schon auf der Haut entfalteten, so daß selbst Gasmasken keinen hinreichenden Schutz mehr boten.

In den Jahren der größten Bedrohung, als die Sowjetunion noch von Stalin und dessen Nachfolgern geführt wurde, wäre es für den Westen ein taktisches Versäumnis gewesen, auf diesem Gebiet der Kriegführung kein Abschreckungspotential aufzubauen.

Immerhin war selbst Hitler, der riesige Lager von chemischen Waffen angelegt hatte, davor zurückgeschreckt, sie einzusetzen, weil er die Vergeltung der Alliierten fürchtete. Auf paradoxe Weise führte also schon im zweiten Weltkrieg die Existenz großer Vorräte von chemischen Waffen auf beiden Seiten dazu, daß man diese nicht anwandte, obwohl der Krieg ansonsten mit solcher Erbitterung geführt wurde. Niemand wollte es auf sich nehmen, diese Waffen als erste benutzt und damit eine Situation heraufbeschworen zu haben, in der es auf beiden Seiten zu ihrem massenhaften Einsatz gekommen wäre. Keiner wußte, wozu das geführt hätte, und keine Seite war bereit, es auszuprobieren.

So wurden die Hunderttausende von Waffen, die beide Seiten während des zweiten Weltkrieges angehäuft hatten, nach dem Ende der Kämpfe von den Alliierten in versiegelten Containern in der Nordsee versenkt.

Bald stellte sich jedoch heraus, daß die Sowjets auf dem europäischen Kriegsschauplatz Vorräte an derartigen Waffen anlegten. Daraufhin begannen die NATO-Mächte, insbesondere die Vereinigten Staaten, Gasgranaten auf dem Gebiet der Bundesrepublik Deutschland zu lagern. Da das in der Besatzungszeit geschah, war die Genehmigung der Deutschen dafür nicht nötig. Ungeachtet dessen wurde die deutsche Regierung über die Existenz dieser Lager in Kenntnis gesetzt.

Aber in Anbetracht der spürbaren Entspannung in den Ost-West-Beziehungen, die Gorbatschow mit seiner Politik der Glasnost und Perestroika eingeleitet hatte, kamen wir zu dem Schluß, daß diese Waffen nicht länger nötig waren. Inzwischen hatten wir mit der Sowjetunion eine Reihe von Abkommen und vertrauensbildenden Maßnahmen beschlossen, und innerhalb und außerhalb der UNO waren weitere Verträge geschlossen worden. Überdies wurden die ersten Risse in dem Machtbereich der Sowjetunion sichtbar. Angesichts dieser Entwicklung beschloß man in Washington, alle Chemiewaffen abzuziehen, die bisher auf deutschem Boden gelagert waren.

Natürlich waren auch diese Waffen – wie die Atomraketen und die nuklearen Kurzstreckenwaffen auf deutschem Boden – eine weitere Zielscheibe der breitangelegten antiamerikanischen Kampagne der westdeutschen Friedensbewegung. Deren Ziel war es in meinen Augen eindeutig, amerikanische Truppen ungeachtet der enormen Überlegenheit der sowjetischen konventionellen Kräfte in Europa um jeden Preis vom Kontinent zu vertreiben. Für ihre überwiegend im linken Spektrum angesiedelten Anhänger schien es keine Rolle zu spielen, daß es der sozialdemokratische Kanzler Schmidt gewesen war, der die Stationierung der Pershing Missiles auf deutschem Boden als Gegengewicht gegen die sowjetischen SS-20 durchgesetzt hatte, und daß ein sozialistischer Präsident Frankreichs diese Stationierung in einer Rede vor dem Deutschen Bundestag unterstützt hatte.

Als ich in Deutschland eintraf, um meine Tätigkeit als Botschafter aufzunehmen, strebten diese Proteste gegen die in Deutschland stationierten Waffen gerade ihrem Höhepunkt zu. Tatsächlich hatte die Havarie des sowjetischen Atomreaktors in Tschernobyl drastisch die verheerenden Folgen einer atomaren Verseuchung vor Augen geführt und selbst besonnenere Gemüter in Hysterie versetzt. So verständlich diese Reaktionen und die damit verbundene Popularität der Friedensbewegung auch waren, irritierte mich gleichwohl der Umstand, daß unentwegt von den Waffen auf dem Gebiet der Bundesrepublik Deutschland die Rede war, sehr wenig hingegen von den viel größeren Arsenalen auf dem Territorium der DDR.

Kurz vor meinem Eintreffen in Deutschland hatten die USA angekündigt, bis Ende 1990 alle Gasgranaten aus Deutschland abzuziehen. Sie sollten an ein oder zwei Orten konzentriert, mit der Eisenbahn über Land zu einem norddeutschen Hafen transportiert und von dort per Schiff zu einer Insel im Pazifik gebracht werden, wo sie fern jeder bewohnten Gegend zerstört werden sollten.

Man hätte glauben können, daß diese Nachricht auch von der Friedensbewegung mit einiger Zustimmung aufgenommen werden würde. Tatsächlich aber geschah genau das Gegenteil. In einer neuen Kampagne wiesen nun vor allem die Grünen, aber auch zahlreiche Anhänger der SPD, der FDP und sogar einige Politiker aus den Reihen der CDU darauf hin, daß es sich hier um Altwaffen handelte, die seit langem in den Depots lagerten, womöglich leck seien und beim Transport zum Bestimmungshafen die gesamte Gegend vergiften könnten. Viele Menschen könnten dabei sterben.

Wir fanden uns in einer eigenartigen Zwickmühle: Wenn wir die Waffen in Deutschland ließen, war das von Übel, und wenn wir sie abzogen, stießen wir auch auf Protest …

Die Waffen lagerten in der Tat schon sehr lange in den Arsenalen. Sie waren aber dort nach einem regulären Programm ständig kontrolliert und funktionsfähig gehalten worden, so daß die fast hundertprozentige Sicherheit bestand, daß sie nicht auslaufen würden und keine Gefahr für die Ortschaften und Städte darstellen konnten, durch die sie transportiert wurden.

Gleichwohl stellte auch die Landesregierung von Bremen klar, daß sie die Verschiffung der Granaten auf ihrem Territorium nicht wünschte. Bremen und Bremerhaven waren die wichtigsten Versorgungshäfen der US-Army, und schon bloße Andeutungen in den Medien hatten in Bremen und bei der dortigen SPD-Regierung Panik ausgelöst.

Überhaupt schien die ganze Geschichte für die Medien ein gefundenes Fressen zu sein. Man schlachtete sie dankbar aus, beschwor die schrecklichen Gefahren und versetzte damit die Bevölkerung in Furcht und Schrecken vor dem Giftgas. Der Abzug der Waffen wurde nun zu einem fast ebenso schlimmen Verbrechen erklärt wie ihre Stationierung in Deutschland ein paar Jahrzehnte zuvor. Bei den Zeitungen und natürlich auch bei meiner Botschaft ging eine Flut von Protestbriefen ein.

Mir wurde klar, daß ich persönlich etwas unternehmen mußte. Ich entschied mich daher, den Zug zu begleiten, und informierte Washington und auch die deutsche Regierung von dieser Absicht.

Auch mit General Saint, dem Befehlshaber der US-Army in Europa, sprach ich über mein Vorhaben, mit dem Zug mitzufahren. Er versprach, die notwendigen Vorkehrungen zu treffen, und sagte mir, man werde mehrere Züge brauchen, um alle Granaten zum Bestimmungshafen Nordenham zu bringen, der unweit von Bremen an der Weser, aber auf der anderen Seite des Flusses liegt. Über einen Diplomaten der Botschaft ließ ich den Medien mitteilen, daß ich mich angesichts der allgemeinen Desinformation über den Transport entschieden hätte, einen der Züge mit den Gasgranaten persönlich zu begleiten. Damit wolle ich demonstrieren, daß der Zug und seine Ladung keinerlei Gefahr für die Städte längs der Strecke darstellten. Ich wolle mit dem Zug vom Depot der Granaten bis nach Nordenham mitfahren, um mich davon zu überzeugen, daß sie dort auf die Schiffe verladen würden, die sie in den Pazifik bringen sollten.

Da die Gefahr nicht völlig auszuschließen war, daß eine Terrororganisation wie die RAF oder irgendeine Terrorgruppe aus dem Nahen Osten einen Anschlag auf den Transport unternahm, arbeiteten die Bundesregierung, die Sicherheitsorgane, die Streitkräfte und die Bundesbahndirektion sowie die örtlichen Polizeiverwaltungen längs der Strecke gemeinsam ein Programm aus, das derartige Anschläge unmöglich machte. Auch wir in der Botschaft hielten mehrere Planungsberatungen mit unseren deutschen Kollegen ab, die dazu beitragen sollten, daß keine Vorsichtsmaßregel übersehen würde, um den sicheren Abtransport dieser Waffen aus Deutschland zu gewährleisten.

Meine Erklärung, den Zug von Ramstein in Rheinland-Pfalz bis zum Hafen zu begleiten, veranlaßte einige Lokalpolitiker zu dem Entschluß, ebenfalls mitzufahren. In Rheinland-Pfalz standen Wahlen vor der Tür, und die Aussichten der Regierung waren nicht allzu rosig. So war sie in der letzten Zeit auffallend darum bemüht gewesen, sich von der amerikanischen

Militärpräsenz in diesem Bundesland zu distanzieren. Offenbar hoffte man, auf diese Weise Wählerstimmen zu gewinnen.

Als Präsident Bush im Mai 1989 Mainz besucht hatte, hatte der christdemokratische Ministerpräsident von Rheinland-Pfalz mir einen Brief für den Präsidenten überreicht, in dem er um den sofortigen Abzug der amerikanischen Militärpräsenz bat, da diese die Region im Konfliktfall zur Zielscheibe sowjetischer Raketen machen würde. Ich gestehe, daß mich dieses Verhalten sehr befremdete. Was den deutschen Aufwand für die amerikanischen Truppen betraf, so machte er lediglich ein Prozent des Bruttosozialprodukts aus, allein im Bundesland Rheinland-Pfalz aber waren die amerikanischen Streitkräfte der drittgrößte Arbeitgeber.

Im Zug sollten mehrere deutsche Repräsentanten unter Führung von Generalmajor Naumann mitfahren, einem brillanten Offizier, der ein beharrlicher Verfechter der Interessen seines Landes und der Befürworter einer aktiven deutschen Teilnahme am NATO-Bündnis war und wenig später Generalinspekteur der Bundeswehr werden sollte. Die weiteren Zugbegleiter sollten aus Bundeswehrangehörigen, der örtlichen und der Bundespolizei sowie technischen Spezialisten bestehen, und es war vorgesehen, daß die deutschen und amerikanischen Fachleute enge Verbindung zu ihren Ausgangsbasen, zu den Hubschraubern über dem Zug sowie zu den Posten und Froschmännern längs der Strecke hielten. Außer den Waggons mit den Granaten waren ein Fernmeldewagen, ein Wagen für das Begleitpersonal und ein komfortabler Konferenzwagen mit einigen Abteilen an den Zug angehängt. Da er den regulären Fahrplan der Bundesbahn nicht stören durfte, rechneten wir für die Strecke nach Nordenham mit dreizehn bis vierzehn Stunden Fahrzeit.

Am 14. September 1990 fuhr ich von Bonn nach Ramstein und traf dort mit General Duggan und General »Butch« Saint zusammen. Gemeinsam fuhren wir zu dem Bahnhof, wo der Zug beladen wurde. Natürlich hatte sich hier eine riesige Zahl von Journalisten, Fernsehleuten, Fotografen und anderen Medienvertretern versammelt. Das Interesse an dem Zug, an seinen Passagieren und seiner Fracht war gewaltig. Auch die Politiker, die uns begleiten wollten, hatten sich eingefunden. Viele von ihnen hatten ein ruhiges Lächeln aufgesetzt, mit dem sie der Gefahr kühn ins Auge sahen. Zum Abschied winkten wir in die Kameras und bestiegen den Zug, der sich auf seine lange Fahrt begab.

Von meinem Fensterplatz im Konferenzwagen aus bemerkte ich, daß überall an den Bahnübergängen und Brücken Soldaten und Polizisten postiert waren. Als wir den Rhein überquerten, standen Bundeswehrsoldaten auf der Brücke, Froschmänner der Bundeswehr befanden sich im Wasser unterhalb der Brücke, und über uns kreisten Hubschrauber. Die deutsche Regierung wollte ganz eindeutig keinerlei Risiko eingehen und hatte die Sicherheitsmaßnahmen mit typischer deutscher Gründlichkeit bis in alle Einzelheiten organisiert.

Wir hatten kaum dreißig Kilometer zurückgelegt, als der Zug auf einer kleinen Station stehenblieb. Ich fragte nach dem Grund. Man sagte mir, einige der Politiker, die bisher mitgefahren waren, verließen nun den Zug, weil sie andere Verpflichtungen hätten. Das überraschte mich, denn wir alle hatten gedacht, sie würden uns die ganze Fahrt begleiten. Aber nicht immer kommt es so, wie man denkt.

Wir nahmen die Fahrt nach Norden wieder auf, als es draußen schon dunkelte. Ich ging durch den Zug, inspizierte die Wagen mit den Granaten und betrat dann den Fernmeldewagen, wo deutsches und amerikanisches Militärpersonal ständig mit der Polizeizentrale und dem Hubschrauber über dem Zug Verbindung hielt. Es war eine beeindruckende Demonstration deutsch-amerikanischer Zusammenarbeit, die dem gemeinsamen Ziel diente, die Granaten ohne Zwischenfall aus Deutschland zu schaffen.

Im Konferenzwagen aßen wir später zu Abend und saßen noch lange beisammen. Um Mitternacht ging ich noch einmal durch den Zug. General Naumann beschrieb uns die Vorkehrungen, die die deutsche Regierung getroffen hatte, um jegliche Störung auszuschließen. Anschließend begaben wir uns in unsere Abteile zurück.

Im Morgengrauen war ich wieder auf den Beinen, denn wir näherten uns dem Bestimmungsort. Auf meinem letzten Gang durch den Zug dankte ich allen, die zum Erfolg dieser Fahrt beigetragen hatten. Kurz nach Sonnenaufgang rollten wir in die Hafenstation in Nordenham, dem deutschen Verladehafen, ein. Der Bürgermeister und andere Vertreter der örtlichen Behörden erwarteten uns, hießen uns willkommen und luden uns zum Frühstück ein. Sie teilten nicht die Panik, in die die Medien viele Menschen versetzt hatten.

Der Zug wurde auf einem Gleis längsseits der Schiffe abgestellt, die die Granaten aufnehmen und auf ihrer letzten Reise in den Pazifik bringen sollten, wo sie nach einer bewährten Methode zerstört werden würden.

Wir schauten den Verladearbeiten eine Weile zu. Alles schien glatt zu gehen. Ich war froh, daß die Fahrt ohne Probleme verlaufen war und die Behörden von Nordenham uns so gut empfangen hatten. Auf einer Pressekonferenz dankte ich dem Bürgermeister, den örtlichen Vertretern und der Bevölkerung. Nun, so versicherte ich, würden diese Waffen das Land bald verlassen.

Dann flog ich nach Bonn zurück. Erst dort erfuhr ich, daß ein gewaltiger Sturm auf der Nordsee die Schiffe und ihre heikle Ladung noch einige Tage in Nordenham festhalten sollte.

Einigkeit und Recht und Freiheit
Der 3. Oktober 1990

Nachdem alle notwendigen Abkommen zwischen den beiden Teilen Deutschlands sowie zwischen diesen und den alliierten Mächten abgeschlossen waren und das deutsche Volk seinen Wunsch nach Einheit in Frieden und Freiheit kundgetan hatte, sollte die Einheit Deutschlands um Mitternacht vom 2. zum 3. Oktober Wirklichkeit werden. Ich hatte verschiedene Termine abgesagt und meinen Zeitplan so eingerichtet, daß ich in jener Nacht in Berlin sein und dort an einem der außergewöhnlichsten Ereignisse der Nachkriegsgeschichte teilnehmen konnte.

Am Morgen des 2. Oktober 1990 flog ich mit einer amerikanischen Militärmaschine von Brüssel nach Berlin. Wir landeten bei Nebel und einer dichten Wolkendecke auf dem Flughafen Tempelhof. Dort erwartete man mich bereits und fuhr mich sofort zum Brandenburger Tor, wo sich eine große Menschenmenge versammelt hatte. In einem Zelt, das man den Fernsehstationen für die Übertragung ihrer Berichterstattung zur Verfügung gestellt hatte, gab ich Bryan Gumbel, einem bekannten amerikanischen Fernsehreporter, ein Interview.

Ich versuchte den amerikanischen Fernsehzuschauern zu vermitteln, was dieser Augenblick für das deutsche Volk und für die Berliner im besonderen bedeutete. Gumbel fragte mich, ob ich erfreut sei, Zeuge dieses Ereignisses zu sein. Ja, erwiderte ich, ich sei glücklich. Der heutige Tag sei nicht nur für Deutschland, sondern auch für Amerika und die ganze Welt ein glücklicher Tag. Was heute geschehe, sei der glückliche Ausgang des langen Kampfes zur Überwindung der künstlichen Teilung des deutschen Volkes, die so viele internationale Spannungen verursacht hatte. Wie wir gehofft hätten, sei die Einheit friedlich und nach dem freien Willen des deutschen Volkes auf beiden Seiten der Mauer zustandegekommen.

Ich gestand, eine gewisse persönliche Befriedigung zu empfinden, weil sich nun eine Voraussage erfülle, die ich kurz nach meinem Eintreffen in Bonn vor sieben Monaten als amerikanischer Botschafter in der Bundesrepublik gemacht hätte. Ich sei schon zum Zeitpunkt meiner Ankunft in Bonn überzeugt gewesen, daß ich der letzte amerikanische Botschafter im westdeutschen Staat und der erste Botschafter im wiedervereinigten Deutschland sein würde.

Nach dem Interview fuhr ich zum Schöneberger Rathaus. Dort fand eine sehr ungewöhnliche Feierstunde statt, mit der die Militärkommandanten der Alliierten in Berlin, Generalmajor Ray Haddock von der US-Army sowie sein britischer und sein französischer Kollege, geehrt wurden. Ray Haddock und seine deutsche Frau Bruni waren den Berlinern ans Herz gewachsen, weil sie inzwischen wie echte Berliner lebten. Frankreich, Großbritannien und die Vereinigten Staaten hatten fast ein halbes Jahrhundert lang Truppen in der historischen Hauptstadt

Deutschlands unterhalten. Sie hatten dort nicht als Besatzungstruppen gestanden, sondern zum Schutz vor der Bedrohung durch die Truppen des Warschauer Paktes. Die alliierten Soldaten hatten die Freiheit der Westberliner garantiert.

Wir hatten in den düsteren Monaten der Blockade zusammengestanden und viele Schwierigkeiten überwunden, die die Sowjets uns viele Jahrzehnte lang bereitet hatten. Die Luftbrücke zur Verteidigung der Freiheit Berlins hatte die Alliierten viele Opfer gekostet. Das Verhältnis der Berliner zu den Truppen der Alliierten war längst nicht mehr das einer besetzten Stadt zu ihren Besatzern. Eine Waffenbrüderschaft zur gemeinsamen Verteidigung der Freiheit war entstanden, die am letzten Tag vor dem Vollzug der deutschen Einheit nun in dieser Feierstunde gipfelte. Heute ehrte man die Kommandeure der Alliierten – und durch sie die Soldaten, die hier so lange zum Schutz der Stadt stationiert gewesen waren. Ihre Mission ging zu Ende. Sie hatte dieser geschichtsträchtigen und mutigen Stadt Freiheit und Einheit gebracht, einer Stadt, die die Bombardements des zweiten Weltkrieges, den Häuserkampf und schließlich die lange Blockade überstanden hatte, mit der die Stadt in den sowjetischen Machtbereich hatte einverleibt werden sollen.

Nach dem Festakt im Rathaus fuhren wir zum Schloß Charlottenburg, wo der Regierende Bürgermeister von Berlin, Eberhard Diepgen, einen Empfang für die drei Kommandanten gab. Eine Parade fand statt; danach überreichte man den Kommandanten eine zu diesem Anlaß herausgegebene Medaille der Stadt. Es war ein großartiger, bewegender Augenblick.

Einige Tage vor diesem historischen Datum hatte ich die einzige gravierte Einladung in meinem Leben zu einem Empfang am 3. Oktober um 2.00 Uhr morgens im Inneren des Reichstagsgebäudes erhalten. Er sollte im Anschluß an die feierliche Zeremonie stattfinden, die anläßlich der Vereinigung Deutschlands vor dem Gebäude abgehalten werden würde.

Ich aß in meiner Residenz in Dahlem zu Abend und fuhr dann gegen 22.30 Uhr in Richtung Reichstag. Ich wußte, daß ich mir meinen Weg durch großes Gedränge zu bahnen hatte. Vor dem Brandenburger Tor und vor dem Reichstagsgebäude standen die Menschen bereits dicht an dicht. Viele junge Leute waren darunter, die schwarz-rot-goldene Fahnen schwenkten.

Wir fuhren am Südeingang des Reichstags vor, und man führte mich über die zweite Etage hinaus auf die Plattform am oberen Ende der Freitreppe. Das diplomatische Corps stand unmittelbar hinter den Mitgliedern der deutschen Regierung, gemeinsam mit vielen anderen Prominenten aus ganz Deutschland.

Die Menge vor uns wuchs mit jeder Minute. Vor mir wogte ein Meer von Fahnen, unter denen ich auch solche der alten kaiserlichen Kriegsmarine entdeckte. Sie wurden von den Fahnenträgern begeistert geschwenkt. Orchester spielten, vermieden aber sorgfältig, jene national gefärbten oder auch nur patriotisch klingenden Lieder aus früheren Zeiten anzustimmen, die den Nachbarn mißfallen konnten. Die Deutschen waren immer noch sehr darauf bedacht,

»was die Nachbarn denken«. Sie fürchteten, ihre Nachbarn in Europa könnten glauben, in Deutschland trete erneut ein Hang zu Nationalismus und Militarismus zutage. Dabei vergaß man offenbar die Tatsache, daß die Bundesrepublik Europa und der Welt in den vergangenen 45 Jahren demonstriert hatte, daß sie ein freies und demokratisches Gemeinwesen geworden war.

Kurz vor dem großen Augenblick um Mitternacht trugen zwanzig junge Leute die riesige deutsche Nationalflagge auf den Platz vor dem Reichstagsgebäude. Das löste eine Woge der Begeisterung aus. Fackeln wurden überall zu Hunderten entzündet, und dann breitete sich vor uns ein Flammenmeer aus, soweit das Auge reichte. Der Jubel steigerte sich zu einem Crescendo, als man die Flagge vor das Gebäude trug, wo sie Präsident von Weizsäcker und Bundeskanzler Kohl an einem riesigen Fahnenmast hissen sollten.

Als es Mitternacht schlug, stieg die Flagge in einem ohrenbetäubenden Freudensturm langsam am Mast empor. Der Wind ergriff sie und entfaltete sie. Die Nationalhymne erklang. Der Kanzler und seine Umgebung sangen mit, die Hunderttausende auf dem Platz dagegen taten dies nur zögernd, obwohl man doch die zweite Strophe sang, in der von Einigkeit und Recht die Rede ist, und nicht die ursprüngliche erste Strophe mit ihrer prekären Erwähnung der geographischen Grenzen Deutschlands. Es war nicht der Mangel an Begeisterung, der die Menschen zu hemmen schien, sondern die alte Befürchtung der Deutschen, von den europäischen Nachbarn mißverstanden zu werden. Sie taten mir leid, weil sie sich in einem so außerordentlichen Augenblick der Geschichte mit solchen Bedenken quälten. Die Befangenheit wirkte immer noch.

Und dennoch wurden die Flaggen geschwenkt, und Hunderttausende brachen in Jubel aus, als ein Feuerwerk am Nachthimmel aufstieg und die Glocken der katholischen Kirchen Berlins läuteten. (Aus irgendeinem seltsamen Grund hatte der protestantische Bischof von Berlin nicht erlaubt, auch die Glocken der in Berlin viel zahlreicheren evangelischen Kirchen zu läuten.)

Selbst für mich, der ich kein Deutscher bin und im zweiten Weltkrieg gegen die deutsche Armee gekämpft habe, war dies ein ganz besonderer Augenblick. Nicht nur angesichts der Wiedervereinigung Deutschlands, sondern weil hier die Freiheit über die kommunistische Diktatur gesiegt hatte. Der kalte Krieg ging ganz offensichtlich seinem Ende entgegen; doch er würde erst dann endgültig der Geschichte angehören, wenn die Reformkräfte in der Sowjetunion triumphiert haben würden.

Ich stand sicher länger als eine Stunde auf den Stufen des Reichstages und erlebte dieses enorme Aufwallen der Gefühle Hunderttausender Menschen, die sich nun bewußt wurden, daß sie in ihrem eigenen Land wieder zu Hause waren und die Geschichte der Teilung ihres Landes nun zu Ende ging. Die Bevölkerung Berlins hatte diesen großen Augenblick verdient. Als Amerikaner war ich stolz darauf, daß wir kein Opfer gescheut hatten, um ihre Freiheit zu schützen, und es ermöglicht hatten, daß die Berliner diesen Tag erlebten.

Um 2.00 Uhr morgens begaben wir uns zum Empfang der Bundestagspräsidentin in das Innere des Reichstags. Rita Süssmuth erwartete uns bereits. Ich gratulierte ihr, dem Bundestag und dem deutschen Volk zu dieser wunderbaren Stunde, und sie dankte mir für meine Worte. Präsident von Weizsäcker war von einer großen Menschenmenge umringt. Alle gratulierten ihm. Ich schloß mich ihnen an.

Als ich etwas später mit einigen Diplomatenkollegen zusammenstand, kam Kohl vorüber und erblickte mich. Er trat zu mir, legte seine Hand auf meinen Arm und sagte laut genug, daß es meine Kollegen hören konnten: »Ohne euch Amerikaner hätten wir diesen außerordentlichen Abend nicht erlebt.« Ich erwiderte, daß es auch ohne ihn sicher noch lange gedauert hätte, bis die Deutschen diese Stunde erlebt hätten. Wieder sah ich, welch große Befriedigung ihm dieses Ereignis bereitete.

Im Laufe des Abends kamen 32 Mitglieder des Bundestages zu mir und dankten mir für den amerikanischen Beitrag zur deutschen Einheit. Ich weiß es genau, denn ich habe sie gezählt. Ich bedauerte, daß nicht ein einziger Sozialdemokrat darunter war.

Draußen erhellte immer noch Feuerwerk den Nachthimmel. Einige meiner europäischen Kollegen schienen angesichts eines Deutschlands mit 80 Millionen Einwohnern Bedenken zu haben. Ich sagte ihnen, nach meiner Meinung brauchten sie sich keine Sorgen zu machen. Die jetzige Bundesrepublik sei ein anderes Deutschland als das, das sie in der Vergangenheit gefürchtet hatten. Außerdem werde die Aufgabe, die ostdeutsche Wirtschaft auf westdeutsches

Niveau zu heben, eine kolossale Bürde sein und die Deutschen viele Jahre beschäftigen. Sie werde astronomische Kosten verursachen und keine Zeit dafür lassen, an Abenteuer zu denken, schon gar nicht militärischer Art.

Daß die Wiederherstellung der Wirtschaft, aber auch der politischen und moralischen Normalität eine enorme Aufgabe darstellen würde, ahnten schon damals viele. In Wirklichkeit sollte sie noch viel schwieriger als erwartet werden. Es ist leicht, ein Gemeinwesen zugrunde zu richten; es wiederaufzubauen hingegen ist unendlich viel schwieriger. Überdies existierten keinerlei Beispiele oder Erfahrungen, wie man eine Kommandowirtschaft wieder in die Bahnen einer Marktwirtschaft lenken konnte. Dies zu tun würde den Westdeutschen enorme Opfer abverlangen, aber ich war mir sicher, daß sie genügend Solidarität empfinden würden, um diese Opfer zu bringen, auch wenn sie dabei ächzten und stöhnten.

Als ich das Reichstagsgebäude durch den Südeingang wieder verließ, erkannten mich einige Menschen in der wartenden Menge. Sie applaudierten mir, und zum Zeichen des Dankes winkte ich ihnen zu. Meine Gedanken wanderten in die Vergangenheit, zurück zu jenem 8. Mai 1945, dem Tag, an dem der Krieg geendet hatte. Ich lag damals in einem Lazarett der US-Army in Livorno in Italien. Der Beobachtungsposten, von dem ich unseren Angriff überwacht hatte, war in die Luft geflogen, und den Rest des Krieges verbrachte ich im Lazarett, um meine Verbrennungen auszukurieren. Hätte mir damals jemand gesagt, daß mir 45 Jahre später die Deutschen begeistert zujubeln würden, hätte ich ihn wahrscheinlich für verrückt erklärt.

Es war ein weiterer unvergeßlicher Augenblick meines Lebens. Es war der Anfang vom Ende des langen Alptraums der Nachkriegszeit, die wir im Schatten des Atomtodes verlebt hatten.

Als ich zu meiner Residenz in Dahlem zurückfuhr, dankte ich Gott, daß er mich lang genug hatte leben lassen, um Zeuge dieses Tages zu werden.

Ein Teddybär aus Berlin

Einer der ersten deutschen Geschäftsleute, die ich nach meiner Ankunft in Deutschland als Botschafter traf, war der Chef der Lufthansa, Heinz Ruhnau. Man hatte mir ihn als hart, barsch und nicht einfach im Umgang geschildert. Er war in Danzig geboren, war als junger Mann in die Bundesrepublik gekommen und hatte hier Karriere gemacht. Während der Regierungszeit Brandts und Schmidts sagte man ihm gute Beziehungen zur SPD nach.

Wie ich wußte, war Ruhnau äußerst aufgebracht darüber, daß auch ein halbes Jahrhundert nach Kriegsende nur amerikanische, britische und französische Fluggesellschaften Berlin anfliegen durften. Das lag aber hauptsächlich an den Sowjets, die den gesamten Flugverkehr in den Luftkorridoren zwischen Berlin und dem Westen kontrollierten. Wir konnten daran wenig ändern. Nach wie vor duldete Moskau keine Abweichung von der Bestimmung, der zufolge die Flugzeuge der Alliierten in den Korridoren von und nach Berlin nicht höher als etwa 3500 Meter fliegen durften, ob dort nun gerade ein Sturm tobte oder nicht. Das war 1945 als Obergrenze für die Reisehöhe der Propellermaschinen festgelegt worden, entsprach aber längst nicht mehr den Flughöhen, in denen die modernen Düsenmaschinen der neunziger Jahre flogen.

Kurz nachdem ich meine Tätigkeit in Bonn aufgenommen hatte, bat mich Ruhnau um eine Begegnung. Ich empfing ihn zu Hause, weil mir das eine weniger offizielle und steife Umgebung zu sein schien. Er trat bei mir ein, strahlend und vital, aber nicht ohne einen Anflug von Aggressivität. Ich fragte mich, ob er allen Ernstes die USA dafür verantwortlich machen wollte, daß die Lufthansa noch immer nicht nach Berlin fliegen konnte. Zwar war es auch in meinen Augen absurd, daß selbst der Bundespräsident und der Bundeskanzler noch keine Maschine der deutschen Luftwaffe benutzen konnten, um in die historische Hauptstadt Deutschlands zu fliegen, aber die Sowjets wünschten nur eine minimale Präsenz der Westmächte dort, beharrten auf den alten Viermächtebestimmungen und verfolgten weiterhin das Ziel, den Zugang zu Berlin so schwer wie möglich zu machen. Alle unsere Versuche, sie zu einer Änderung dieser Politik zu bewegen, stießen auf brüske Ablehnung.

In dem Gespräch mit Ruhnau gewann ich den Eindruck, daß er tatsächlich der Auffassung war, wir hätten nicht genug getan, um diese Restriktionen zu beseitigen, und begünstigten damit die Pan American Airways, die nicht zuletzt durch die Tragödie von Lockerbie in eine schwere Krise geraten war. Dort war eine Boeing 747 auf dem Wege von Frankfurt nach New York von einer Bombe in der Luft in Stücke gesprengt worden und abgestürzt. Diese Katastrophe war meiner Meinung nach der unmittelbare Grund dafür, daß Pan American aus dem internationalen Luftverkehr weitgehend verschwunden war.

Als junger Mann aber hatte ich erlebt, wie Pan American Airways zum Bannerträger der Vereinigten Staaten geworden war. Die Gesellschaft hatte Luftlinien nach Südamerika und über den Stillen Ozean eröffnet, hatte in all den Kriegsjahren die Flugverbindung zu Großbritannien aufrechterhalten und nach Kriegsende neben der British Airways und der Air France den regelmäßigen Flugverkehr von und nach Berlin garantiert.

Über all das sprach ich mit Ruhnau und versicherte ihm, daß es gleichwohl nicht in unserer Absicht lag, Pan American vor dem Wettbewerb mit den Deutschen zu schützen. Unsere erste Begegnung verlief nicht übermäßig freundlich, aber auch nicht feindselig.

Mit der Zeit jedoch wurden unsere Begegnungen immer freundlicher. Er schien allmählich herausgefunden zu haben, daß ich weniger antideutsch eingestellt war, als er ursprünglich angenommen hatte. Besonders freute ihn meine öffentliche Erklärung, ich hielte die Existenz zweier deutscher Staaten für anormal und erwarte die deutsche Einheit noch während meiner Amtszeit als Botschafter in der Bundesrepublik. Und er begriff wohl auch, daß ich mich sehr mühte, den Griff der Sowjets um die Zugänge zu Berlin zu lockern. Jedenfalls hatte ich ihm ganz offen gesagt, mir sei klar, wie peinlich es Präsident Weizsäcker, Kanzler Kohl und anderen Mitgliedern der deutschen Regierung sein mußte, mich um Maschinen der US Air Force zu bitten, die sie nach Berlin und zurück brachten.

Kurz vor dem Fall der Mauer baten die Sowjets um

eine Zusammenkunft des Alliierten Kontrollrates, den sie vor vielen Jahren zur Zeit der Berlin-Blockade verlassen hatten. Wir stimmten der Begegnung zu, was die Deutschen in ziemliche Aufregung versetzte. Man argwöhnte, wir seien bereit, die alte Alliierte Kommandantur wieder einzusetzen, die Berlin in den Tagen unmittelbar nach Kriegsende verwaltet hatte.

Die Zusammenkunft fand statt. Ich führte zu dieser Zeit den Vorsitz. Nach der Beratung gab ich eine Pressekonferenz, auf der ich unmißverständlich erklärte, wir hätten den Sowjets gesagt, daß wir nur bereit seien, über Möglichkeiten zur Erleichterung des Zugangs der Alliierten nach Berlin zu sprechen und über nichts anderes. Ich hätte Kotschemassow wissen lassen, daß meine Instruktionen sich nur auf diese Frage beschränken würden. Eine weitere Zusammenkunft sei nicht vereinbart worden.

Unmittelbar nach dem Fall der Mauer begannen dann Verhandlungen über die endgültige Aufhebung aller noch bestehenden Restriktionen für den Zugang der Westmächte nach Berlin aus der Luft. Wir erwarteten ohne jeden Zweifel, daß die Lufthansa so bald wie möglich die Genehmigung erhalten werde, nach Berlin zu fliegen.

Zu dieser Zeit war mein Verhältnis zu Ruhnau bereits recht freundschaftlich. Ich bat ihn sicherzustellen, daß Pan American Airways, die dabei geholfen hatte, die Nabelschnur aufrechtzuerhalten, und Berlin damit das Überleben als freie Stadt tief im Inneren der sowjetischen Besatzungszone ermöglicht hatte, nun auch für ihren Verlust entsprechend entschädigt würde. Ruhnau antwortete, er werde ganz gewiß daran denken. Auch er sei Pan American dafür dankbar, daß sie Berlin geholfen hatte, die 42 Jahre währende Belagerung durch die Sowjets zu überstehen. Er hielt Wort, und Pan American bekam eine angemessene finanzielle Entschädigung. Das reichte jedoch leider nicht aus, um ihr Überleben langfristig zu sichern.

Kurze Zeit später erhielt ich die Einladung, in Los Angeles auf einer Veranstaltung eine Rede zu halten. Anbei lag ein Ticket erster Klasse für einen Lufthansa-Flug. Ich holte mir für die Reise beim Department of State die Genehmigung ein und sagte dann zu.

Am Abend des 26. Oktober 1990 bestieg ich im Frankfurter Rhein-Main-Flughafen eine Boeing 747 der Lufthansa. Zu meiner Überraschung war die Mannschaft am Eingang wie zu einem militärischen Zeremoniell angetreten. Als wir etwas später unsere Reisehöhe erreicht hatten, meldete sich der Kapitän über den Bordlautsprecher und sagte zuerst auf deutsch, dann auf englisch: »Morgen, am 27. Oktober, fliegt die Lufthansa zum ersten Mal seit fünfzig Jahren in ihre Heimatstadt Berlin. Ein Mann, der beigetragen hat, daß dies möglich wurde, ist heute Gast auf unserem Flug. Es ist der amerikanische Botschafter in der Bundesrepublik Deutschland, Vernon Walters. Wir werden ihm stets dankbar sein.« Die Fluggäste applaudierten, und ich gestehe, daß ich über diese unerwartete Ehrung sehr gerührt war.

Kurz danach trat die Chefstewardeß mit einer großen Schachtel an meinen Platz. Sie öffnete die Schachtel und entnahm ihr einen riesigen Teddybären, der eine Schärpe mit der Aufschrift »Berliner

Bär« über seiner Schulter trug. Ich bedankte mich bei ihr und dem Kapitän, der ebenfalls in die Kabine gekommen war, um der Übergabe beizuwohnen. Hinter ihnen spürte ich natürlich die Hand meines guten Freundes Heinz Ruhnau.

Als wir zehn Stunden später in Los Angeles landeten, fragte mich die Stewardeß, ob ich die Schachtel für den Bären haben wolle. Ich dachte an die Würde meines Amtes, mit der es schlecht vereinbar schien, mit einem Teddybären im Arm durch den internationalen Flughafen von Los Angeles zu laufen. Das hätte sicher einer Erklärung bedurft. So nahm ich die Schachtel dankbar an und trug sie durch den Flughafen. Den Bären habe ich heute noch – als Gefährten für meine beiden Katzen.

Der Golfkrieg

Schon zwei Tage vor dem Angriff des Irak auf Kuweit waren mir Nachrichten zugekommen, aus denen hervorging, daß eine Invasion unmittelbar bevorstand. Ich wußte, daß wir die technischen Mittel hatten, um Bewegungen und den Aufmarsch von Truppen festzustellen, und die Informationen, die uns vorlagen, ließen keinen Zweifel daran, daß sich der Irak auf den Überfall auf Kuweit vorbereitete. Die einzige Frage war nur, wann er losschlagen würde.

Der Angriff, der am 2. August stattfand, stellte eine schwere Bedrohung für die Ölversorgung der USA und, mehr noch, unserer europäischen Verbündeten dar. Saddam Hussein griff nach den Ölquellen des Nahen Ostens: Würde man ihm die Besetzung Kuweits durchgehen lassen, so war nicht auszuschließen, daß die ölreichen Scheichtümer am Golf und Saudi-Arabiens seine nächsten Ziele sein würden. Jetzt untätig zu bleiben hätte bedeutet, den Fehler zu wiederholen, den Großbritannien und Frankreich in den dreißiger Jahren begangen hatten, als sie Hitlers aggressiver Machtpolitik nicht den notwendigen Widerstand entgegengesetzt hatten. Deswegen forderte Margaret Thatcher, die sich in diesen Tagen zu Besuch bei Präsident Bush in Colorado aufhielt, daß der irakische Überfall auf Kuweit eine angemessene Antwort erhalten müsse: »George, diesmal dürfen wir nicht wanken.«

Auch Bush signalisierte, daß die Vereinigten Staaten diesen Aggressionsakt nicht hinnehmen würden. Aber seine Warnung an Hussein: »Wir haben im Wüstensand eine Linie gezogen«, blieb ohne jede Wirkung.

So begann der große Truppenaufmarsch in Saudi-Arabien. Die Westmächte schufen ein Bündnis der westeuropäischen Staaten, der Türkei, Syriens und Ägyptens. Moskau unterstützte diese Schritte, wies jedoch darauf hin, daß es sich nicht an Militäraktionen gegen den ehemaligen Verbündeten Irak beteiligen werde. Auch Syrien und Ägypten erklärten, die Befreiung Kuweits zu unterstützen, an einer Invasion gegen den Irak, ein arabisches Land, jedoch nicht teilzunehmen.

All das betraf meine Botschaft in Bonn auf ganz direkte Weise, denn ein großer Teil der Streitkräfte, die an der Befreiung Kuweits teilnehmen sollten, war in Deutschland stationiert. Hier befand sich die große Mehrzahl der kampfbereiten Truppen der Vereinigten Staaten – sowohl der Armee als auch der Luftwaffe. Diese Truppen mußten aus ihren Garnisonen in Deutschland abtransportiert werden. Das sollte auf dem Luftwege geschehen. Ihre Ausrüstung dagegen sollte von norddeutschen, belgischen und holländischen Häfen verschifft werden. Das Ziel war Saudi-Arabien, wo die Truppen ihre Ausrüstung in Empfang nahmen.

Wir brauchten also Hilfe von der deutschen Regierung, um Tausende von Panzern und Panzerwagen von ihren Stützpunkten in Deutschland zu den Häfen zu bringen, wo sie in den Nahen Osten verschifft werden sollten. Außerdem mußte der enorme Strom von Flugzeugen der US Air Force von ihren Basen in Deutschland in den Nahen Osten abgesichert werden.

Und da man allgemein annahm, daß der Irak eine große Menge Gasgranaten einsatzbereit hatte, von den NATO-Mächten aber nur Deutschland über spezialisierte Panzerwagen für das Aufspüren und Identifizieren chemischer Kampfstoffe – den in Deutschland entwickelten »Fuchs« – verfügte, übermittelte ich der deutschen Regierung die Bitte, uns acht dieser Fahrzeuge zur Verfügung zu stellen. Bonn kam dieser Bitte nach, indem man uns sofort alle im Besitz der Bundeswehr befindlichen Panzerwagen dieses Typs übergab.

Unterdessen stand ich in ständigem Kontakt mit General Jack Galvin, dem Oberkommandierenden der Alliierten für Europa, und seinem Stellvertreter General Jim McCarthy von der US Air Force. Ich tat alles, was in meiner Macht stand, um eventuelle Pannen vermeiden zu helfen, die bei einer so enormen Truppenbewegung natürlich nicht auszuschließen waren. Inzwischen hatte der UNO-Sicherheitsrat Sanktionen gegen Irak verhängt. Viele Menschen in Deutschland und andernorts hofften, daß dies Wirkung zeigen und Saddam zum Einlenken bewegen würde. Ich war skeptisch, denn ich konnte mich an keinen Fall erinnern, da Wirtschaftssanktionen jemals eine Aggression gestoppt hatten. Das hatte schon 1935 Italien in Äthiopien nicht aufgehalten.

Den ganzen Sommer lang ging die massive Bewegung von Truppen und Ausrüstungen weiter. Ich wurde nicht müde, meinen deutschen Gesprächspartnern aus allen politischen Lagern zu erklären, ich sei überzeugt, Präsident Bush meine seine Drohungen ernst. Tatsächlich zweifelte ich keinen Augenblick daran, daß wir Kuweit befreien würden, wenn der Aufmarsch abgeschlossen und die politische Situation herangereift war. Wenn ich aus meiner Residenz über den Rhein schaute, konnte ich ja sehen, was geschah: Schwerbeladene Lastkähne und Güterzüge am gegenüberliegenden Ufer brachten unaufhörlich Panzer und anderes schweres Gerät nach Norden.

In Washington war beschlossen worden, daß die Familien der Soldaten, die in den Nahen Osten zogen, in Deutschland bleiben sollten. Dort hatten sie weiterhin die Vorteile, die das Leben in den Armeesiedlungen bot; außerdem blieb auf diese Weise jene Schicksalsgemeinschaft von Familien beisammen, deren Angehörige am Golf Dienst taten.

Unterdessen demonstrierten Pazifisten und Grüne gegen das, was in ihren Augen eine einseitige amerikanische Kriegsvorbereitung war. Monatelang kampierten Demonstranten unter den Fenstern meines Büros. Wenn ich sage »kampieren«, dann meine ich, daß sie buchstäblich Zelte aufschlugen und Tag und Nacht darin lebten – mit all den eher abstoßenden Begleiterscheinungen, die das mit sich brachte.

Gleichwohl gingen die deutschen Behörden sehr milde in der Behandlung dieser weit übertriebenen Protestaktionen vor. Die Demonstranten durften nicht vertrieben werden, solange einige von ihnen in den Zelten schliefen.

Mir ist ein besonderes Geschehnis im Oktober 1990 unmittelbar nach der deutschen Vereinigung im Gedächtnis geblieben. Ich besuchte die Stadt Magdeburg, wo unter anderem auch die Besichtigung des Magdeburger Doms vorgesehen war. Dort erwartete mich ein Vertreter des Bischofs, der mir erklärte, der Bischof könne mich auf meinem Rundgang durch das Bauwerk nicht begleiten, da die Vereinigten Staaten am Golfkrieg teilnähmen. So müsse ich mit seinem Vertreter vorliebnehmen.

Ich sagte, ich könne den Bischof zwar verstehen, teile seine Ansicht jedoch nicht. Ich selbst sei Soldat gewesen und hätte oft über die moralische Seite des Kriegshandwerks nachgedacht. Ich erinnerte daran, daß im Neuen Testament der einzige Mensch, der Jesus jemals um ein Wunder gebeten habe, ein Soldat gewesen sei – der Hauptmann aus dem Evangelium des Matthäus. Er habe Jesus nicht um Hilfe für sich selbst oder ein Familienmitglied, sondern um Heilung seines Knechts gebeten. Sofern mich mein Gedächtnis nicht trüge, habe Jesus den Hauptmann weder zurückgewiesen noch von ihm gefordert, sein Todeshandwerk aufzugeben. Statt dessen habe der Herr gesagt: »Solchen Glauben habe ich in Israel nicht gefunden.« Dann habe er des Hauptmanns Knecht geheilt. Der Vertreter des Bischofs schüttelte den Kopf; seine Miene verriet zugleich Erstaunen und Mißbilligung.

Nach dem Rundgang durch den Dom dankte ich ihm zum Abschied und fragte ihn, auf wessen Namen der Dom geweiht sei. Er antwortete, es sei der Name des heiligen Martin. »Aber war der heilige Martin, der seinen Mantel zerschnitt und die eine Hälfte einem in der Kälte frierenden Bettler gab, nicht auch ein Soldat?« fragte ich. Der Vertreter des Bischofs lächelte. »Herr Botschafter«, sagte er, »Sie sind ein sehr ungewöhnlicher Mensch.«

Als wir ins Freie traten, rief einer der Umherstehenden mir zu: »Wir wollen euren Krieg nicht!« »Es ist nicht unser Krieg«, antwortete ich. »Es ist der Krieg Saddam Husseins. Er hat ein friedliches Land, ein Mitglied der Vereinten Nationen, überfallen. Mit Zustimmung der UNO sind wir gegen ein kriegerisches Land gezogen, um Saddam Hussein zum Rückzug zu zwingen und Kuweit zu befreien.« Die kleine Menschenmenge, die sich inzwischen angesammelt und meine Worte gehört hatte, spendete mir Beifall.

Offenbar hatten viele in Deutschland schlichtweg vergessen oder doch verdrängt, daß militärische Gewalt notwendig gewesen war, um Adolf Hitler und sein nationalsozialistisches Regime zu beseitigen. »Es gibt keine militärische Lösung«, hörte ich während des Golfkrieges immer wieder sagen, »es gibt nur politische Lösungen.« »Und wie ist Hitler gestürzt worden«, fragte ich dann, »meinen Sie, durch Verhandlungen?«

Jedenfalls schienen viele Deutsche zu jener Zeit einem sehr naiven Pazifismus anzuhängen. Andere hingegen befürchteten vielleicht nur, daß man im Ausland glauben könnte, Deutschland kehre zu seinem alten kriegerischen Verhalten zurück, und fühlten sich deshalb verpflichtet, ihre Gegnerschaft gegen den Krieg in jeglicher Form öffentlich zu demonstrieren, ganz gleich, welche Art Provokation dem zugrunde lag. Nach ihrer Meinung schien das der beste Weg zu sein, um die Welt davon zu überzeugen, daß Deutschland dem Militarismus in jeglicher Form abgeschworen hatte. Nicht annähernd so besorgt war man darüber, was wir, die wir uns darauf vorbereiteten, unsere Soldaten in den Kampf zu schicken, von diesen Protestaktionen hielten.

Anfangs fanden die Demonstrationen, die das deutsche Fernsehen (weit mehr als die deutsche Presse) unterstützte, großen Widerhall in der Öffentlichkeit. Allmählich jedoch schlug die öffentliche Meinung um, nicht zuletzt dank des energischen Einschreitens des Bundeskanzlers und anderer führender Christdemokraten. Ich hätte gern gesagt, daß auch die Freien Demokraten hilfreich gewesen waren, aber das war nicht der Fall, oder doch erst viel später. Viele Liberale fühlten sich zu der vor allem in Frankreich verbreiteten Auffassung hingezogen, die Europäer könnten mit ihren Angelegenheiten selbst fertig werden, man brauche die Amerikaner nicht, um Freiheit und Sicherheit Europas zu gewährleisten. Wiederholt versuchte ich die Gründe darzulegen, weshalb wir die Aggression gegen Kuweit nicht ungestraft lassen dürften. Wenn wir dies täten, wie es in der Vergangenheit geschehen sei, wäre der Überfall auf Kuweit nur das Vorspiel für viele weitere Aggressionsakte.

Das legte ich insbesondere dem Chef der SPD, Hans-Jochen Vogel, dar. Ich erinnerte ihn an den Aufstieg Hitlers. Mitte der dreißiger Jahre sei es noch durchaus möglich gewesen, die Nazis zu stoppen. Die westlichen Demokratien hätten sich jedoch gescheut, Gewalt anzuwenden, und einer Eroberung nach der anderen tatenlos zugesehen. Mit jeder dieser Eroberungen aber sei Hitler stärker geworden, bis sich schließlich fast die ganze Welt hatte gegen ihn verbünden müssen, um ihn daran zu hindern, seinen verbrecherischen Krieg siegreich zu beenden.

Ich sagte Vogel, wenn die Zeit gekommen sei, unsere Söhne in den Kampf für die Befreiung Kuweits zu schicken, möge er uns nicht in den Rücken fallen. Doch ihm schien jede Gewaltanwendung suspekt zu sein. Es ging ihm nicht anders als den meisten Deutschen: Nach zwei verlorenen Weltkriegen schien sich in Deutschland nun die Überzeugung verbreitet zu haben, der Krieg sei ein um jeden Preis zu vermeidendes Verbrechen.

Vogel war der Ansicht, wir sollten auf die Wirkung der über den Irak verhängten Sanktionen warten. Ich erwiderte, jeder Tag, den wir Saddam Hussein gewähren ließen, mache ihn nur stärker und bringe ihn seinem Ziel näher, atomare, chemische und biologische Waffen zu entwickeln. Es wäre zutiefst verantwortungslos von uns, dem tatenlos zuzusehen.

Vogel ließ sich jedoch nicht überzeugen. Er bestand darauf, daß wir den Sanktionen mehr Zeit geben sollten. Es war, als wolle er einfach nicht zugestehen, daß die Vereinigten Staaten wenigstens einmal im Recht sein könnten.

Diese Haltung teilten viele Sozialdemokraten, mit denen ich sprach, bis auf Willy Brandt und Helmut Schmidt, die ein gewisses Verständnis für meine Position aufzubringen schienen. Beide gehörten in ihrer Partei im Grunde genommen aber längst zum »alten Eisen«.

So blieben die zahllosen Gespräche, in denen ich die deutschen Politiker darauf vorzubereiten hoffte, was nach meiner Überzeugung geschehen würde, wenn Saddam nicht aus Kuweit abzöge, ohne jede Wirkung.

Ich muß gestehen, ich war ziemlich frustriert. Lediglich die Christdemokraten, und nicht einmal sie alle, schienen die volle Bedeutung meiner Worte zu erfassen und angesichts der massiven Truppenbewegungen, die überall in der Bundesrepublik zu beobachten waren, die richtigen Schlüsse zu ziehen.

Da sich Bonn unter Berufung auf die Verfassung weigerte, an einem Einsatz außerhalb des NATO-Gebietes teilzunehmen, mußte wenigstens erreicht werden, daß es einen beträchtlichen Teil der Kosten übernahm, die erforderlich waren, um Saddam Hussein aus Kuweit zu vertreiben. Ich tat mein Bestes, um die Deutschen darauf vorzubereiten, bekam aber zu meinem Bedauern während dieser Zeit wenig Unterstützung von Außenminister Baker und dem State Department.

Zugleich versuchte ich herauszufinden, welcher Artikel der Verfassung einen deutschen Truppeneinsatz außerhalb des NATO-Gebietes eigentlich verbot. Ich wies darauf hin, daß Deutschland ja noch gar nicht Mitglied der NATO gewesen war, als die Bundesländer die Verfassung ratifiziert hatten. Ich forderte nicht nur die Sozialdemokraten, sondern auch die Freien Demokraten dazu auf, mir zu zeigen, wo die Verfassung den Einsatz deutscher Truppen außerhalb des NATO-Gebietes verbot. Meiner Ansicht nach untersagte sie nur den Einsatz deutscher Truppen für aggressive Ziele. Wie man das mit dem Einsatz deutscher Truppen für friedenserhaltende Missionen gleichsetzen konnte, die von der NATO oder den Vereinten Nationen gebilligt wurden, war für mich schwer zu verstehen.

Unter diesen Umständen sah ich es als meine Pflicht an, in Bonn deutlich zu machen, daß jeder Versuch, gleichen Abstand zu Saddam Hussein und dem Bündnis zu halten, es den Vereinigten Staaten zweifellos erschweren würde, ihre bisherige militärische Präsenz in Europa aufrechtzuerhalten. Ohnehin werde im Kongreß ja häufig gefordert, diese massiv zu reduzieren.

Einmal fragte mich einer meiner Gesprächspartner, ob dies eine Drohung sei. Ich erwiderte, das sei es nicht. Man hätte mir jedoch die Verhältnisse in Deutschland klargemacht, und ich sähe es als meine Pflicht an, ihnen die Verhältnisse im amerikanischen Kongreß vor Augen zu führen. Ich hätte viel zuviel Achtung vor den Deutschen, um ihnen drohen zu wollen, aber es sei an der Zeit, endlich einen Sinn für die Realitäten zu entwickeln – ob das nun angenehm sei oder nicht.

Ich kann nicht für mich in Anspruch nehmen, viele Zweifler überzeugt zu haben, denke aber, daß die nachfolgenden Ereignisse ihnen in dieser schwierigen Situation einen wachsenden Sinn für die Realität vermittelten.

Auch was meine anderen Aufgaben in dieser Zeit betraf, hatte ich es nicht leicht. Ständig wurde ich vom State Department mit der Forderung bombardiert, die verschiedensten Ausrüstungen von den Deutschen zu beschaffen, darunter 4000 fabrikneue NVA-Lastwagen sowie eine wachsende Zahl von »Festzelten«, wie die Deutschen die großen Zelte nennen, die für Lazaretts benutzt werden. Manchmal glaube ich, sie dienten wirklich nur für Partys in der Wüste. Auf jeden Fall waren sie bei unseren Leuten in Saudi-Arabien sehr beliebt, und es interessierte niemanden, unter welchen Schwierigkeiten wir sie von den Deutschen erbitten mußten. Diese wiederum beklagten sich bei mir, in einem Dilemma zu stecken: Wenn sie nur Geld und keine Truppen schickten, werde man sagen, Bonn wolle sich von seiner Verantwortung loskaufen. Wenn sie andererseits drei Panzerdivisionen bereitstellten, ginge der Aufschrei durch die deutsche Öffentlichkeit: »Mein Gott, die Wehrmacht marschiert wieder!« Das traf im wesentlichen zu. Viele Menschen hätten genau das gesagt.

So waren die Deutschen hin- und hergerissen zwischen ihrem Wunsch, gute Europäer zu sein, und der Furcht, sich bei der Befreiung Kuweits und der Abrechnung mit Saddam Hussein militärisch engagieren zu müssen. Der Widerwille, ihren Beitrag im Nahen Osten zu leisten, und der Wunsch, als gute Europäer zu gelten – das schien zu dieser Zeit ein unlösbarer Widerspruch.

Aber bis es wirklich zum Ausbruch der Kampfhandlungen kam, blieb noch eine Atempause, in der sich Ereignisse von enormer Bedeutung abspielten Die beiden Teile Deutschlands bewegten sich viel schneller aufeinander zu, als man vorausgesehen hatte. Trotzdem glaubten noch immer viele an eine Art Übergangssituation, die erst allmählich zu wirklicher Einheit in einer Föderation führen würde. Selbst Bundeskanzler Kohl, dessen »Zehn Punkte« viele als einen übereilten Kurs betrachteten, war überrascht, mit welchem Tempo sich die Dinge entwickelten. Erst als er nach Dresden kam und die riesige Menschenmenge »Helmut, Helmut« skandierte, wandte er sich zu seinem Berater Horst Teltschik und sagte in seinem pfälzischen Dialekt: »De Bärn is g'schält.« Das sollte wohl bedeuten: »Wir haben es geschafft.«

Die Aufmerksamkeit der Deutschen war also ganz offensichtlich vor allem darauf konzentriert, was in Ostdeutschland und Osteuropa geschah. Vielleicht kam tatsächlich zuviel auf einmal auf sie zu. Gleichwohl konnte jeder ahnen, daß man Hussein mit Gewalt aus Kuweit hinauswerfen würde, wenn er nicht von selbst abzog. In Saudi-Arabien waren inzwischen 500000 Mann zusammengezogen, und die Zahl nahm den ganzen Herbst 1990 weiter zu – auch als die deutsche Einheit bereits vollzogen war. Das Zeichen konnte nicht mißverstanden werden: Entweder Saddam Hussein zog sich aus Kuweit zurück, oder es gab Krieg.

Am 1. Januar 1991 informierte mich der deutsche Geheimdienst, Mitglieder der Terrororganisation von Abu Nidal würden die Residenz in Bonn beobachten, und nach ihrer Meinung sei ich in Deutschland ihr Ziel Nummer eins.

Am 5. Januar fuhr ich nach Frankfurt, um auf dem Rhein-Main-Flughafen Soldaten der 3. US-Panzerdivision zu verabschieden. Ich begrüßte sie in einem Hangar und sagte ihnen, ich wüßte genau, was sie empfänden. Ich hätte das gleiche gefühlt, als ich 1942 nach Europa, später nach Korea und nach Vietnam gezogen sei. Meinen ersten Krieg hätte ich in der Wüste Nordafrikas geführt, und auch sie zögen nun in eine Wüste. »Und denkt daran«, riet ich ihnen zum Schluß, »daß die Wüste nachts ein verdammt kalter Ort sein kann.« In der ersten Nacht, die ich damals in der Wüste verbracht hatte, hatte ich meine Schuhe ausgezogen und war ohne sie in den Schlafsack gekrochen. Am Morgen waren meine Füße wie abgefroren gewesen. In der Nacht hatte bitterste Kälte geherrscht.

Als die Truppentransporter von der Startbahn abhoben und in den Himmel stiegen, fiel mir ein, was Präsident Roosevelt dem amerikanischen Volk an jenem Tag gesagt hatte, als unsere Streitkräfte 1944 in der Normandie landeten: »An diesem Tag haben sich unsere Söhne, der Stolz unserer Nation, auf einen großen Kreuzzug begeben.«

Am 7. Januar suchte ich Genscher auf, um ihn im Auftrag der amerikanischen Regierung um die Zustimmung zu bitten, daß deutsche Truppen Raketenabwehrraketen vom Typ »Patriot« in die Türkei transportierten, die vom Irak bedroht wurde, weil sie uns Flugplätze auf ihrem Territorium zur Verfügung stellte. Wenn die Kampfhandlungen beginnen würden, war nicht auszuschließen, daß türkische Städte zur Zielscheibe der irakischen Scud-Raketen wurden. Genscher nahm die Angelegenheit reichlich nervös auf. Offenbar hielt er nicht viel von der Idee. Ich übergab ihm einen Brief von Außenminister Baker. Als er ihn las, verriet seine Miene, daß ihm das amerikanische Ansinnen nicht gefiel. Ganz offensichtlich befürchtete er, Deutschland könne dadurch in einen Konflikt außerhalb des NATO-Gebietes hineingezogen werden.

Als Baker am nächsten Tag eintraf, berichtete ich ihm von Genschers Reaktion. Auf der Fahrt vom Flugplatz zu Genschers Büro war das im Grunde genommen das einzige Thema. Ansonsten hatten wir uns nichts zu sagen.

Baker deutete an, er wolle den deutschen Außenminister zunächst kurz allein sprechen, und als wir im Auswärtigen Amt eintrafen, zog er sich mit Genscher zurück. Dieses Gespräch unter vier Augen nahm die gesamte Zeit in Anspruch, die für die deutsch-amerikanische Begegnung vorgesehen war. Als Baker wieder erschien, bestätigte er, daß Genscher nicht viel von der Idee halte, die »Patriots« von deutschen Truppen in die Türkei bringen zu lassen. Er bat mich, meinen Urlaub in Florida, der für Mitte Januar vorgesehen war, vorerst nicht anzutreten. Obgleich Baker es nicht für nötig hielt, mich genauer ins Bild zu setzen, begriff ich sofort, was das hieß. Ganz offensichtlich spitzte sich die Lage am Golf zu.

Auf einem Neujahrsempfang des Päpstlichen Nuntius, den dieser als Doyen des diplomatischen Corps für den Bundespräsidenten gab, sagte Weizsäcker mir, er stimme Paul Nitze zu, daß wir den Sanktionen gegen den Irak mehr Zeit geben sollten. Ich erwiderte höflich, daß ich ihm in diesem Punkt nicht zustimmen könne. Saddam Hussein arbeite fieberhaft an der Entwicklung von Massenvernichtungswaffen verschiedenster Art, und ich hielte es für unmoralisch, ihm noch mehr Zeit zur Herstellung von Waffen mit solch schrecklicher Zerstörungskraft zu lassen. Weizsäcker wirkte leicht konsterniert, obwohl ich meine Worte sehr vorsichtig gewählt hatte.

Am Abend des 16. Januar war ich in Mönchengladbach zum Essen bei General Sir Peter Inge eingeladen, dem Oberkommandierenden der britischen Streitkräfte in Deutschland. Das Essen fand in angenehmer und freundschaftlicher Atmosphäre statt, aber wir alle wußten, daß der Krieg sehr nahe war. Sir Peter Inge hatte seine erste Panzerdivision an den Golf verabschiedet, wobei ihm die Deutschen beim Transport jegliche Hilfe erwiesen hatten.

Nach dem Essen fuhr ich zurück nach Bonn. In meiner Residenz schaltete ich den Fernsehapparat ein und sah die Bilder von den ersten Bomben, die auf Bagdad fielen. Aufgeregt beschrieben die Reporter, was geschah. Der Krieg, den wir alle erwarteten, hatte begonnen. Zunächst schienen es nur Luftangriffe zu sein, aber ich saß die ganze Nacht vor dem Fernsehgerät, sah die Bomben fallen und hörte die Worte Bushs, der den Beginn der Kampfaktionen verkündete. Er erinnerte daran, daß er Saddam Hussein vor 48 Stunden das Ultimatum gestellt hatte, entweder unverzüglich aus Kuweit abzuziehen oder die Folgen auf sich zu nehmen. Jetzt würde der Diktator mit Gewalt aus Kuweit vertrieben werden.

Ich konnte nicht schlafen. Am Morgen wusch und rasierte ich mich und ging dann zur Arbeit. Ich suchte Peter Hartmann im Bundeskanzleramt auf, um ihn noch einmal auf die »Patriot«-Raketen für die Türkei anzusprechen. »Wir arbeiten an der Sache«, erklärte man mir.

Obwohl jedem hätte klar sein müssen, daß wir eine halbe Million Mann nicht in die Wüste gebracht hatten, um der Verwüstung Kuweits tatenlos zuzusehen, war der Ausbruch des Krieges für die deutsche Öffentlichkeit ein schwerer Schock. Die Kirchen reagierten mit moralischer Entrüstung und veranstalteten Mahnwachen, überall in den Straßen hingen weiße Bettlaken wie zum Zeichen der Kapitulation aus den Fenstern, und die Medien beschrieben die Bombenangriffe auf Bagdad in Worten, die Erinnerungen an die Zerstörung deutscher Städte im zweiten Weltkrieg wachriefen. Daß wir inzwischen über hochentwickelte und technisch präzise Waffen verfügten, mit deren Einsatz sich unnötige Verluste unter der Zivilbevölkerung vermeiden ließen, wurde kaum beachtet. Erst später, als das Fernsehen diese »smarten« Waffen in Aktion zeigte, wurde die Berichterstattung etwas ausgewogener.

Zunächst jedenfalls schien die öffentliche Meinung in Deutschland den USA gegenüber sehr kritisch eingestellt zu sein. Manch ein Bundesbürger schien gar nicht glauben zu können, daß tatsächlich Krieg herrschte und daß der Westen ihn begonnen hatte. Der Vorsitzende der Sozialdemokratischen Partei, Hans-Jochen Vogel, den ich gewarnt hatte, daß wir Ernst machen würden, wenn Saddam nicht aus Kuweit abzöge, sagte der Presse: »Ich bin sprachlos vor Entsetzen.«

Und natürlich brachte die gesamte politische Linke einschließlich der Grünen ihre Empörung darüber zum Ausdruck, daß man zur Gewalt gegriffen hatte. Aber auch die Liberalen schwankten beträchtlich, und sogar einige Christdemokraten äußerten ihr Unbehagen. Überall im Lande kam es zu großen Demonstrationen gegen den Krieg und die Vereinigten Staaten. Es war, als begrüße man geradezu die Gelegenheit, endlich wieder einen Anlaß zu öffentlichen Friedenskundgebungen gefunden zu haben. Jedenfalls hatte ich damals den Eindruck, daß es fast eine Leidenschaft der Deutschen war, gegen irgend etwas zu demonstrieren. Und natürlich fanden sich wieder Demonstranten in großer Zahl unter den Fenstern meines Büros ein. Erneut schlugen sie ihre Zelte auf und kampierten darin. Und jedermann sprach von jenem unauffindbaren Artikel der Verfassung, der den Einsatz deutscher Truppen außerhalb des NATO-Gebietes verbot.

Auf einem Essen in der Residenz der Bundestagspräsidentin sagte mir auch Horst Ehmke, ein führender Sozialdemokrat, wir hätten den Sanktionen mehr Zeit einräumen sollen. Ich erklärte ihm ein weiteres Mal, was ich bereits anderen Sozialdemokraten erläutert hatte: daß Saddam mit der Hilfe ausländischer Techniker fieberhaft an der Entwicklung atomarer, chemischer und biologischer Waffen gearbeitet und dabei kurz vor dem Erfolg gestanden hätte. Es wäre unverantwortlich gewesen, ihm noch mehr Zeit für sein übles Treiben zu lassen. Ich wies Ehmke auch darauf hin, daß sich die deutschen Sozialdemokraten mit der Verurteilung unserer Aktion von allen anderen sozialdemokratischen Parteien Europas isolierten.

Tatsächlich hatten der sozialistische Präsident Frankreichs und der sozialistische Ministerpräsident Spaniens Truppen entsandt, und die sozialistischen

Parteien in Italien, Belgien und den Niederlanden unterstützten das Bündnis, das sich zur Befreiung Kuweits gebildet hatte. Die britische Labour Party hatte erklärt, daß sie die Entsendung britischer Truppen an den Golf entschieden gutheiße, und sogar die Sowjets hatten im UN-Sicherheitsrat für die Resolution zum Einsatz von Gewalt gestimmt. Die deutschen Sozialdemokraten hingegen reagierten fast einhellig mit Kritik an den Vereinigten Staaten. Nur Brandt und Schmidt stimmten in den Chor der Verurteilung nicht ein.

Meine Worte hatte ich nicht allein an Ehmke gerichtet, sondern auch an die anderen Gäste. Rita Süssmuth schien über meine Ansichten bestürzt zu sein, aber ich dachte gar nicht daran, mir die Gelegenheit entgehen zu lassen, meiner Enttäuschung über die Haltung der Deutschen endlich einmal Luft zu machen.

Die ablehnende Reaktion in Deutschland änderte sich jedoch bald, und nichts trug mehr dazu bei als Husseins Raketenangriffe auf Israel. Unverzüglich reisten Genscher und Vogel nach Israel, zur selben Zeit, aber zu getrennten Besuchen. Als sie die Orte besichtigten, die von den Scud-Raketen getroffen worden waren, rief ihnen die Menschenmenge »Schande, Schande« entgegen. Die Deutschen erlebten diese Szenen im Fernsehen, und die öffentliche Meinung schlug um. Organisationen und Zeitungen wie »Bild am Sonntag« veranstalteten eine Unterstützungskampagne für die Positionen des Bündnisses. Sie sammelten fast 250000 Zuschriften, in denen man unser Vorgehen billigte. Deutsche Firmen, aber auch

Privatleute sandten mir Schecks, um in Deutschland die Familien derjenigen Soldaten zu unterstützen, die am Golf kämpften. Ich weiß nicht, welche Summe letzten Endes zusammenkam, aber es muß über eine Million Dollar gewesen sein.

In München nahm ich an einer Kundgebung vor dem Rathaus teil, die von der CSU organisiert worden war. Zu dieser Zeit hatte Saddam Hussein bereits Hunderte Millionen Liter Öl in den Golf fließen lassen. Auf einem großen Spruchband stand zu lesen: »Im Golf ist Öl, wo sind die Grünen?«

Die Grünen aber waren offenbar viel zu sehr damit beschäftigt, gegen die Vereinigten Staaten zu demonstrieren und Lärm zu schlagen. Sie hatten wohl keine Zeit, sich für Umweltprobleme wie das Öl im Golf zu interessieren. Es schien sie auch nur am Rande zu berühren, daß Saddam Hunderte Ölquellen in Kuweit in Brand stecken ließ und damit die ganze Gegend verseuchte. Vielleicht hat man irgendwo dagegen protestiert, aber ich habe nichts davon bemerkt.

General Klaus Naumann, der Deutsche, der mich in meiner Zeit als Botschafter sicherlich am meisten beeindruckte, spürte meine Verärgerung und versuchte, mich zu beschwichtigen. »Am Ende tun die Deutschen doch das Richtige«, sagte er.

Große Sorgen machte man sich in Deutschland auch darüber, daß Saddam Hussein als Vergeltung für die Luftangriffe von türkischen Militärbasen aus die Türkei als NATO-Verbündeten angreifen und Deutschland damit in den Konflikt hineinziehen könnte. Wäre das nach dem Nordatlantikpakt ein »Bündnisfall« gewesen? Manch ein Politiker in

Deutschland war der Auffassung, daß das schon deshalb nicht der Fall war, weil die Türkei es den USA gestattet hatte, Irak von ihrem Territorium aus zu bombardieren. Auch diese Haltung Deutschlands löste bei vielen Verbündeten Empörung aus. Die Türken hatten schließlich nicht aus Eigennutz geholfen.

Einen Tag bevor die Türkei einen möglichen Angriff Saddams im NATO-Rat zur Sprache brachte und forderte, dies als einen Angriff gegen die NATO zu betrachten, war der türkische Außenminister in Bonn gewesen. Er hatte jedoch den Deutschen kein Wort von den türkischen Absichten gesagt, und als ich darüber mit Helmut Kohl sprach, zeigte sich dieser verärgert über das Vorgehen der Türkei.

All das berichtete ich nach Washington und teilte mit, insgesamt gesehen könnten wir uns auf die Deutschen verlassen, dürften zur Zeit aber keine Entsendung von Truppen von ihnen erwarten. Ich fügte hinzu, es sei sicher das letzte Mal, daß Bonn sich auf einen im Grunde gar nicht existierenden Artikel der Verfassung berufe. Man wisse, daß man sich unter den Bündnispartnern isoliere, und sei meiner Meinung nach bereit, einen beträchtlichen Beitrag zu den Kosten des Golfkrieges zu leisten.

Tatsächlich standen noch vor Kriegsende deutsche Truppen in der Türkei, im Nordirak und sogar im Iran, und deutsche Minensuchboote kreuzten im Golf. Und schließlich bekamen zwar nicht die Türken, dafür aber die Israelis »Patriots« geliefert. Die Türkei hingegen sollte von der Bundeswehr Waffensysteme vom Typ »Roland« und »Hawk« erhalten.

Um diese Raketen, die auf dem Flughafen Köln-Bonn lagerten, an Ort und Stelle zu bringen, wurde ein sowjetisches Transportflugzeug gechartert. Doch als die sowjetischen Piloten von der brisanten Fracht erfuhren, die sie überdies noch in eine Kriegszone befördern sollten, lehnten sie ab und starteten ohne die Ladung. Daraufhin wandte man sich in Bonn auf höchster Ebene mit der Bitte um Hilfe an mich. Ich ließ General Jim McCarthy suchen, den stellvertretenden Oberbefehlshaber der amerikanischen Streitkräfte in Europa, der sich gerade auf einer Reise in den USA befand. Ohne ihn war es fast unmöglich, Luftfrachtraum in den Golf zu bekommen. Zweieinhalb Stunden später rief mich McCarthy zurück und teilte mir mit, er habe einige C-5-Transporter der US Air Force aufgetrieben, die diese Ausrüstungen sofort in die Türkei transportieren könnten und der deutschen Regierung damit weitere Peinlichkeiten ersparen würden.

Am 22. Februar, zwei Tage vor Beginn des Bodenkrieges, zeigte ich Bundeskanzler Kohl den Text der Erklärung, die Präsident Bush aus diesem Anlaß abzugeben gedachte. Der Kanzler las sie sorgfältig. Er schien sehr befriedigt und versprach mir eine Antwort um 14.00 Uhr. Ich erhielt sie um 13.30. Er stimmte der Erklärung zu, Präsident Bush verkündete sie, und die Bodentruppen setzten sich in Marsch, um Kuweit zu befreien.

Das Tempo, mit dem die Truppen zu Lande vorrückten, löste viele Probleme. Am Morgen des 24. Februar verkündete Präsident Bush, daß der Landkrieg begonnen hatte. Angeblich stießen saudische Truppen und US Marines geradewegs nach Norden vor, wo Saddam ihren Angriff erwartete. Das war aber nur ein Scheinmanöver. In Wirklichkeit führte General Schwartzkopf seine Panzer- und Infanteriedivisionen nach Westen und kesselte so die Masse der irakischen Truppen innerhalb und nördlich Kuweits ein. Amerikanische und britische Panzerdivisionen umgingen die Iraker ebenfalls von Norden. Französische und amerikanische Luftlandetruppen deckten die Westflanke der Alliierten und stießen zum Euphrat vor, während die Navy einige Küsteninseln einnahm und die Iraker in Kuweit band, weil diese eine Landung von See irgendwo an der Küste in der Nähe der Hauptstadt befürchteten.

Ohnmächtig beobachteten die irakischen Generale von ihren Unterständen aus, wie sich die fünftgrößte Armee der Welt vor ihren Augen auflöste. Daraufhin baten sie um einen Waffenstillstand. Sie hatten fast 25 Divisionen verloren, und ihre Luftwaffe war in das neutrale Iran geflohen. Ihre einzigen wirksamen Waffen waren die Scuds gewesen, die nicht nur in Saudi-Arabien, sondern auch in Israel viele Opfer gefordert hatten.

Exakt hundert Stunden nach Beginn des Krieges endeten die Kämpfe am 27. Februar mit einem vollständigen Sieg. Eine Ausnahme gab es allerdings. Saddam Hussein war immer noch da – wie Nasser nach seiner vernichtenden Niederlage im Krieg gegen Israel.

Die Deutschen, die sich zu dieser Zeit ein weiteres Mal der Bewältigung ihrer Vergangenheit widmeten, waren außerstande gewesen, den Verbündeten ihre

Truppen zu senden, hatten ihnen aber immerhin alle möglichen Hilfsmittel zur Verfügung gestellt. Vielleicht hatten sie im Verlauf des Golfkrieges angefangen zu begreifen, daß sie der Europäischen Gemeinschaft nicht würden angehören können, ohne an der Seite der Briten, Franzosen, Italiener, Spanier, Belgier oder Holländer ihren Teil der Verantwortung für die Erhaltung des Friedens zu übernehmen. Das hatte ich meinen deutschen Gesprächspartnern nicht nur während der Krise im Nahen Osten, sondern auch schon in der Zeit davor geraten. »Ihr werdet in der Gemeinschaft nicht wohlgelitten sein«, hatte ich gemahnt, »wenn ihr nicht exakt dieselbe Verantwortung übernehmt wie alle anderen.«

Von der Truppenentsendung abgesehen, leistete die Bundesrepublik jedoch einen beträchtlichen Beitrag zum Golfkrieg. Die Deutschen transportierten Truppen und Ausrüstungen für uns, für die Briten und die Franzosen. Sie stellten uns Flugplätze, Eisenbahnen und Häfen zur Verfügung. Was die Geheimdienstaufklärung betraf, so war man uns in all jenen Bereichen hilfreich, in denen die Deutschen über bessere Informationen als wir verfügten. Auf finanziellem Gebiet leistete Bonn gemeinsam mit Japan den größten Beitrag zu den Kriegskosten und zahlte früher als alle anderen Schuldner – und das, obwohl es zur gleichen Zeit Milliarden zur Finanzierung der Einheit benötigte.

Aus innenpolitischen Gründen hatte Deutschland keine Truppen entsenden können. »Man wird uns verurteilen, wenn wir es nicht tun«, umschrieb einer meiner Gesprächspartner das Dilemma, in dem sich die Bundesregierung sah, »und man wird uns verurteilen, wenn wir es tun.«

So teilten wir den Deutschen mit, welche Waren wir im Wert von zwölf Milliarden Dollar benötigten, und sie zahlten, ohne ein Wort darüber zu verlieren.

Der Terroranschlag auf die Botschaft 13. Februar 1991

Am Abend des 13. Februar fuhr ich zu meiner Residenz, wo ich mit Pierre Darcourt, dem Kriegsberichterstatter des Pariser »Figaro«, zu einem Interview verabredet war. Er war ein alter Freund, den ich aus Vietnam kannte. Später, während meiner Zeit als Militärattaché der USA in Frankreich, hatten wir uns häufig in Paris getroffen. Pierre war in Vietnam geboren und hatte dort auch als Fallschirmjäger in der französischen Armee gedient. Er beherrschte die Sprache wie seine Muttersprache und hatte zahllose Bekannte in Vietnam. Wir aßen gemeinsam zu Abend und begannen dann mit dem Interview.

Plötzlich hörten wir Maschinengewehrfeuer oder zumindest Schüsse aus automatischen Waffen. Sie schienen vom anderen Ufer des Rheins zu kommen. Pierre sah mich an. »Wissen Sie«, fragte er, »was das ist, General?« Ich lächelte. »Wer dieses Geräusch einmal im Kampf gehört hat«, antwortete ich, »vergißt es sein Lebtag nicht wieder.«

Wir traten auf die Terrasse hinaus und konnten flußaufwärts Leuchtspurgeschosse sehen, die vom anderen Ufer des Rheins kamen. Ein Mann des Wachpersonals kam herausgerannt und brüllte: »Gehen Sie sofort wieder hinein!«

Dann rief mein Mitarbeiter Tim Turlenko an. Er

liege zusammen mit meinem Mitarbeiter Fletcher Burton auf dem Fußboden des Büros. Das Gebäude sei mehrmals mit automatischen Waffen beschossen worden. Soviel er wisse, sei niemand verletzt.

Ich sah auf meine Uhr. Es war kurz nach 19.00 Uhr und stockdunkel. Ich hatte mich gerade entschlossen, zur Botschaft zu fahren, als meine Sicherheitsleute anriefen. Sie forderten mich auf zu bleiben, wo ich war, und das Haus nicht zu verlassen. Möglicherweise würden sich andere Gruppen bewaffneter Terroristen in der Nähe der Residenz aufhalten.

Ich stimmte nur widerwillig zu. Aber da ich wußte, daß die meisten Angestellten die Botschaft wesentlich früher verlassen hatten, und Turlenko mir mitgeteilt hatte, seines Wissens sei niemand verletzt, folgte ich dem Rat meiner Leibwächter und blieb.

Ein paar Minuten später erhielt ich einen Anruf vom Bundeskanzler, der den Angriff bedauerte und die Hoffnung aussprach, daß keine Opfer zu beklagen seien. Ich dankte ihm und versicherte, meines Wissens sei dies nicht der Fall. Er fragte, ob ich zusätzlichen Polizeischutz benötige. Ich antwortete, meiner Meinung nach sei unser Schutz ausreichend. Kurz darauf rief Staatssekretär Dieter Kastrup aus dem Auswärtigen Amt an. Außenminister Genscher war zu dieser Zeit in Damaskus.

Den ganzen Abend lang klingelte das Telefon. Unter den Anrufern war auch mein Freund Botschafter Joseph Reed aus Kalifornien. Die deutsche Polizei hielt mich die ganze Nacht hindurch auf dem laufenden. Nachdem man mir endgültig versichert hatte, niemand sei verletzt, fiel ich in tiefen Schlaf.

Am nächsten Morgen verabschiedete ich Pierre Darcourt, der nach Paris zurückfuhr. Offenbar hatte es ihm Vergnügen bereitet, wieder einmal unter Feuer gelegen zu haben. Dann rief ich meine Mitarbeiter zusammen und ließ mir Einzelheiten berichten. Wie sich herausstellte, waren die seit Wochen mit ihren Zelten unter den Fenstern meines Büros kampierenden Demonstranten von einiger Bedeutung für den Verlauf des Attentats gewesen. Offenbar hatten die Terroristen sie nicht treffen wollen und deshalb ihr Feuer auf das andere Ende des Gebäudes konzentriert. Die Polizei nahm an, die Terroristen hätten aus diesem Grunde auch Leuchtspurgeschosse verwandt, um die Demonstranten aus dem Schußfeld zu halten. Da man in der Dunkelheit die Angreifer auf der anderen Seite des Rheins nicht hatte ausmachen können, hatte weder die Polizei noch das Wachpersonal das Feuer erwidert.

Ich sah mir einige Büroräume an, in denen die Geschosse eingeschlagen waren. Im Büro meines Wirtschaftsrates fiel mein Blick auf einen Computer, der dem Angriff der Terroristen zum Opfer gefallen war. Die Kugel hatte den Monitor genau in der Mitte getroffen, er war implodiert und hatte dabei beträchtlichen Schaden angerichtet. Wenn das Mädchen, das normalerweise hier arbeitete, an ihrem Schreibtisch gesessen hätte, wäre sie am Kopf getroffen worden.

Eine andere Kugel hatte vier Wände glatt durchschlagen. Mir fiel jener Astronaut ein, der auf die Frage, woran er beim Abheben seiner Rakete denke, geantwortet hatte, er denke daran, daß alles, was zwischen ihm und den feuerspeienden Triebwerken liege, von der Firma mit dem billigsten Angebot hergestellt sei. Unwillkürlich ging mir durch den Kopf, daß auch das Botschaftsgebäude wahrscheinlich von der Baufirma mit dem billigsten Angebot errichtet worden war.

Zum Glück für uns war der Angriff kurz nach sieben Uhr abends erfolgt, als fast alle Mitarbeiter bereits ihre Büros verlassen hatten. Vielleicht, so überlegte ich, hatten uns die Terroristen nur einen Schreck einjagen wollen. Einige Tage später aber wurde Rohwedder, der Chef der Treuhandanstalt, in seiner Wohnung mit denselben Waffen ermordet, mit denen man auf die Botschaft gefeuert hatte. Die Terroristen waren also wirklich zum Äußersten entschlossen gewesen.

Weitere Bekannte meldeten sich per Telefon, darunter Peter Hartmann, der Sicherheitsberater des Kanzlers, der britische Botschafter Christopher Mallaby, der Botschafter Chiles, Huneeus, und Bauministerin Irmgard Schwaetzer, deren Büro in der Nähe lag. »Wir teilen die Gefahr mit Ihnen«, sagte sie mir.

Ich wies meinen Presseattaché an, eine Erklärung mit dem Hergang zu veröffentlichen, die mit den Worten schloß: »Wir lassen uns durch diesen Angriff nicht einschüchtern.« Dann rief ich meine Mitarbeiter zusammen und erklärte ihnen, daß man uns mit diesem hinterhältigen Feuerüberfall in Angst und Schrecken hatte versetzen wollen. Zum Glück habe es keine Todesopfer und auch keine Verletzten gegeben. Ich versicherte ihnen, daß mir ihre Sicherheit und die ihrer Familien sehr wichtig sei und ich alles menschenmögliche tun würde, um weitere Zwischenfälle dieser Art zu verhindern.

Ich sagte, daß der Bundeskanzler und andere offizielle Vertreter angerufen und Hilfe angeboten hatten. Ich selbst hätte Kontakt zum Innenminister von Nordrhein-Westfalen aufgenommen, der großes Mitgefühl gezeigt und versprochen habe, alles zu tun, was in seiner Macht stehe.

Ferner wies ich meine Mitarbeiter darauf hin, wir alle seien für unsere gemeinsame Sicherheit verantwortlich. Jeder müsse wirksame Vorsichtsmaßnahmen treffen. Man habe sie nun darüber informiert, und sie wüßten, was zu tun sei. Ich schloß mit den Worten: »Nichts ist mir wichtiger als Ihre Sicherheit im Büro und zu Hause. Alle Möglichkeiten, über die diese Botschaft verfügt, und die Hilfe seitens der deutschen Behörden werden zu Ihrem Schutz eingesetzt werden. Diese Pflicht habe ich Ihnen gegenüber. Jedenfalls werden wir uns nicht einschüchtern lassen.«

Der Innenminister von Nordrhein-Westfalen teilte mir per Telefon mit, der Schutz durch Polizei in Uniform und Zivil an beiden Rheinufern werde verstärkt. Nach dem Feuerüberfall schritt ich mit der deutschen Polizei auch jeden Fußbreit des Grundstücks der unweit gelegenen Schule ab, die von den Kindern der Botschaftsangehörigen besucht wurde. Ich wollte sichergehen, daß man nichts übersehen hatte. Die Schulbusse wurden von Polizeiwagen begleitet, und eine Woche lang stand ein Panzerwagen vor meiner Residenz, bis ich die Deutschen schließlich davon überzeugen konnte, ihn wieder abzuziehen.

Die amerikanischen und deutschen Mitarbeiter der Botschaft verhielten sich großartig, und ich war stolz darauf, daß die Tätigkeit der Botschaft ohne jede Unterbrechung weiterging.

Kurz nach diesem Zwischenfall begab ich mich ins Bundeskriminalamt, wo ich detaillierte Informationen erhielt. An dem Überfall hatten vier Personen, drei Männer und eine Frau, teilgenommen. Sie hatten vom Ostufer des Rheins auf die Botschaft gefeuert, die am Westufer liegt. Der Fluß ist an dieser Stelle etwa 450 Meter breit.

Es gab noch keine Personenbeschreibung der Männer, von der Frau hieß es jedoch, sie habe langes blondes Haar. Drei Waffen waren benutzt worden, eine sowjetische Kalaschnikow und zwei deutsche automatische Gewehre vom Typ G-3. An der Stelle, von der sie geschossen hatten, wurden 262 Patronenhülsen gefunden. Sie hatten die Waffen beim Schießen auf Beutel mit Katzenstreu aufgelegt. Etwa 70 Kugeln hatten das Gebäude getroffen. Ein Projektil wurde von einem Zivilisten gefunden und bei der Polizei abgegeben. Man schenkte es mir später in einem Kästchen aus Plexiglas, da es nicht als Beweismittel verwendet werden konnte, weil keine lückenlose Nachweiskette hergestellt worden war.

Die anderen Schüsse waren über das Gebäude hinweggegangen oder in die Bäume in der Nähe der Botschaft eingeschlagen. Den Wagen, den die Angreifer benutzt hatten, fand man einige Tage später mehrere hundert Kilometer entfernt. Die Terroristen hatten ihn bereits vor etwa einem Monat gestohlen und mit falschem Kennzeichen versehen. Nach den Angreifern sucht man heute noch.

Die RAF bekannte sich zu dem Überfall auf die Botschaft und ließ nachfolgendes Schreiben zurück:

KRIEG DEM IMPERIALISTISCHEN KRIEG!
US-NATO RAUS AUS DEM NAHEN OSTEN!
SABOTIEREN DESERTIEREN ANGREIFEN
SOLIDARITÄT MIT DEM HUNGERSTREIK
UNSERER GEFANGENEN GENOSSINNEN
UND GENOSSEN VON ACTION DIRECTE
UND GRAPO/PCE-R
ZUSAMMENLEGUNG ALLER POLITISCHEN
GEFANGENEN IN WESTEUROPA
SOLIDARITÄT MIT DEM KAMPF DER
POLITISCHEN GEFANGENEN IN DEN
VERNICHTUNGSTRAKTEN DER USA
VERHINDERT DIE HINRICHTUNG VON
MUMIA ABU-JAMAL

rote armee fraktion
13.02.91

Und wenig später erhielt die Polizei einen Brief der RAF zugesandt. Das Schreiben gibt eine gute Vorstellung von den verstiegenen Ideen dieser Fanatiker. Deshalb sei es hier wiedergegeben:

SOLIDARITÄT MIT DEN VÖLKERN DES NAHEN
OSTENS
GEGEN DIE IMPERIALISTISCHE
VERNICHTUNG UND UNTERWERFUNG!
SOFORTIGER STOPP MIT DEM VÖLKERMORD
AM IRAKISCHEN VOLK!
wir haben heute mit dem kommando vincenzo spano die botschaft der usa in bonn beschossen, weil die usa im vernichtungskrieg gegen das irakische volk von anfang an die führungsrolle übernommen haben. mit unserer aktion stellen

wir uns in eine reihe mit all denen, die rund um den globus gegen diesen us-nato-völkermord aufgestanden sind.
INTERNATIONALE SOLIDARITÄT IST DIE ZÄRTLICHKEIT DER VÖLKER
für die imperialistischen staaten ist dieser krieg der erste schritt zur durchsetzung ihrer neuen weltordnung für die zeit nach dem kalten krieg.
das irakische regime hat jahrelang im interesse des imperialismus krieg geführt; es hat den iran in schach gehalten, und es hat in bestialischer weise, selbst unter einsatz von giftgas, einen ausrottungsfeldzug gegen das kurdische volk geführt. in letzter zeit ging es dem irak zunehmend darum, die eigene machtposition in der nah-ost region auszubauen.
der nahe osten ist für den imperialismus eine politisch instabile region. einerseits ist durch den kampf der palästinensischen befreiungsbewegung, den langen atem der intifada, der druck geschaffen, der die frage nach einer grundlegenden politischen veränderung immer wieder auf die tagesordnung setzt. zum anderen ist schon lange klar, daß die herrschercliquen in saudi-arabien, ägypten, jordanien usw. davon bedroht sind, von ihren völkern früher oder später weggefegt zu werden.
deshalb soll in dieser region, von deren öl die westlichen ölkonzerne und die westeuropäischen industriestaaten abhängig sind, keine macht entstehen, die nicht unter absoluter kontrolle des imperialistischen blocks steht.
das sind die gründe, warum die imperialistischen staaten heute diesen krieg gegen einen ehemaligen verbündeten führen.
der imperialismus hat keine moral. die saddam hussein/hitler-vergleiche sind der propagandistische dreh, über den die herrschenden es schaffen wollen, die bei vielen menschen nicht vorhandene zustimmung für diesen krieg zu erreichen.

aber diesem system ist jeder hitler, shamir, özal, pinochet, cristiani und wie sie alle heißen, ein freund, solange er – egal mit welchen mitteln – die interessen des internationalen kapitals durchsetzt.
für die usa ist dieser krieg der willkommene anlaß, die frage nach der führungsrolle innerhalb des westlichen blocks wieder mehr an die militärische stärke zu knüpfen. gleichzeitig wollen sie natürlich mit diesem krieg ihre abgehalfterte wirtschaft sanieren.
am golf spielt sich derzeit also auch der konkurrenzkampf der imperialistischen kern-staaten bzw. -zentren untereinander um künftige macht und einfluß in der nah-ost region und um die vormachtstellung innerhalb des imperialistischen lagers ab.
die bundesregierung ist sich der tatsache bewußt, daß großdeutschland nicht allein aus der ökonomischen potenz des brd-kapitals zur neuen weltmacht werden kann.
das vierte reich braucht dafür die losgelassene militärmaschine genauso dringend, wie schon die nazis sie gebraucht haben.
die interessen des deutschen kapitals sollen nach 45 jahren endlich wieder mit der ganzen brutalität der kriegsmaschinerie durchgesetzt werden können.
dafür laufen zur zeit alle vorbereitungen.
der bundeswehreinsatz in der türkei und ihre logistische einbindung in diesen krieg sind erste praktische schritte. über das vehikel des uno-einsatzes der bundeswehr – nachdem die uno neben nato, iwf und weltbank zum instrument imperialistischer kriegsführung gegen die unterdrückten völker gemacht wurde – will sich großdeutschland endlich wieder freie hand für die militärische unterwerfung und ausplünderung der völker schaffen.
der krieg im nahen osten ist der ›krieg der reichen gegen die

armen‹, wie die genossinnen und genossen vom 17. november in griechenland gesagt haben.
die imperialistischen staaten führen im irak einen krieg der verbrannten erde. was der abwurf von zig-tausend tonnen bomben und die flächenbombardements der amerikanischen b-52 bomber an tod und leid über ein volk bringen, das haben die unterdrückten auf dieser welt seit vietnam nicht vergessen.
israel und die türkei nutzen diesen völkermord gegen das irakische volk, um krieg und terror gegen das palästinensische und das kurdische volk zu verstärken. das türkische regime – unterstützt von bundeswehr und anderen nato-truppen – bombardiert kurdische dörfer und hat im grenzgebiet tausende menschen umgebracht; israel bombardiert wieder palästinenser-lager im süd-libanon und terrorisiert die bevölkerung in den besetzten gebieten. der zionistische staat will die palästinenser endgültig aus den besetzten gebieten vertreiben und teile libanons und jordaniens annektieren.
SOLIDARITÄT
MIT DER PALÄSTINENSISCHEN INTIFADA
UND DEM
KURDISCHEN BEFREIUNGSKAMPF!
die große mobilisierung gegen diesen vernichtungskrieg hat die herrschenden in der brd überrascht und erschreckt.
nach einem jahr, in dem die bundesregierung sich und die wiederherstellung großdeutschlands und den ›sieg des systems der freien marktwirtschaft‹ feiern ließ, sind sie heute damit konfrontiert, daß viele menschen ein gespür dafür behalten haben, daß ihre interessen mit denen der völker im nahen osten zusammengehören und nicht mit denen der herrschenden auf dieser welt.
die waffe der psychologischen kriegsführung, mit der von der bundesregierung bis zur staatstragenden linken all die als ras-

sisten und anti-semitisten denunziert werden, die gegen diesen völkermord aufgestanden sind, muß stumpf gemacht werden.
die solidarität mit dem irakischen volk gegen die imperialistische vernichtung ist teil im kampf von uns unten gegen die oben – da wo aus diesem bewußtsein gekämpft wird, laufen solche denunziationen ins leere.
der anti-imperialistische kampf gegen diesen völkermord gehört direkt mit den aneignungsprozessen in jedem einzelnen land zur durchsetzung konkreter lebensinteressen der menschen bzw. zur verhinderung imperialistischer zerstörungsprojekte zusammen.
beides zusammen ist ein prozeß, in dem die unterdrückten in konkreten schritten gegenmacht aufbauen und die imperialistische macht weltweit zurückdrängen.
denen, die in den letzten wochen gegen diesen krieg – für den frieden auf die straße gegangen sind, wollen wir sagen: ihr müßt euch damit auseinandersetzen, daß imperialistischer krieg in der logik des imperialistischen systems liegt.
dieses system produziert in den ›reichen‹ ländern für die menschen vereinzelung und konkurrenzdruck jeder gegen jeden; jeder menschliche lebenssinn soll zerstört werden. stattdessen sollen viele ihre identität darin suchen, objekt im konsumterror zu sein.
der imperialismus wird immer dann kriege führen, wenn irgendwo auf der welt seine macht in gefahr ist; er wird nicht aufhören, seine bestimmung über die lebensinteressen der völker zu stülpen – mit gewalt, mit geld, mit lügen, eben mit der ganzen palette seiner herrschaftsmittel.
ein selbstbestimmtes leben für alle in würde, ohne ausbeutung und unterdrückung, wird es erst dann geben, wenn wir die macht des imperialistischen systems gebrochen haben.

ein schritt dahin ist das zusammenwirken der verschiedensten initiativen gegen diesen völkermord:
- den angriffen von revolutionären gruppen überall auf der welt gegen die politische und militärische macht von usa und nato,
- den blockaden gegen die kriegskonzerne, gegen die börsen, gegen nato-militärstützpunkte...
und in allen initiativen, demos, mahnwachen, kriegsdienstverweigerungen, sabotage-aktionen, in denen für die leute die auseinandersetzung darum anfängt, sich ein eigenes, von den herrschenden unabhängiges bewußtsein darüber zu erobern, was richtig und notwendig ist.
an die leute, die seit beginn des golfkrieges die mahnwache vor der us-botschaft machen.
wahrscheinlich habt ihr einen ziemlich großen schreck gekriegt. wir haben unsere munition mit leuchtspur-munition gemischt, damit ihr gleich seht, wo genau sich die schießerei abspielt und niemand von euch vor schreck in die falsche richtung läuft. falls ihr hinterher die ganze wut der bullen und yankees dort abgekriegt habt, was wir uns gut vorstellen können, dann tut uns das leid.
sicher werden jetzt die medien verkünden, wir hätten euch fast erschossen. das ist quatsch, wir wußten die ganze zeit genau wo ihr euer camp hattet und wir haben auch, bevor wir angefangen haben, die us-botschaft zu beschießen, den weg unten am rhein kontrolliert.

Sicherheitsmaßnahmen gehörten viele Jahre lang zu meinem Alltag. Als ich stellvertretender CIA-Direktor war, wurde ich auf Schritt und Tritt von Leibwächtern begleitet, die mich damals allerdings eher vor Verrückten als vor Terroristen zu schützen hatten. In den vier Jahren als UNO-Botschafter hatte ich dort insgesamt 42 Mal Veto eingelegt, womit ich mir sicherlich viele Feinde schuf. Als ich meinen Posten antrat, stellte ich fest, daß zum Büro des Botschafters 16 Sicherheitsbeamte gehörten. Ich reduzierte sie auf sechs und ersparte der Regierung fast 700000 Dollar im Jahr.

Als ich nach Deutschland kam, sagte man mir, Vertreter der Vereinigten Staaten lebten hier mit hohem Risiko. Einmal war es den Terroristen fast geglückt, General Kroesen, den Befehlshaber der amerikanischen Streitkräfte in Deutschland, zu töten. Es hatte zahlreiche Drohungen und wirkliche Überfälle gegeben.

Was mich betraf, so begleiteten mich außerhalb der Botschaft oder meiner Residenz stets drei Polizeibeamte in Zivil des Landes Nordrhein-Westfalen. Die Botschaft und die Residenz hatten Wachpersonal in Uniform; zusätzlich waren in der Botschaft US Marines stationiert.

Aber ich war im zweiten Weltkrieg, im griechischen Bürgerkrieg, im Koreakrieg und im Vietnamkrieg gewesen. Ich hatte drei Revolutionen in Südamerika erlebt. Von einem Krieg zum anderen hatte ich immer weniger Angst empfunden. Auch mit dem Alter hatte die Furcht abgenommen. In jüngeren Jahren hatte ich mich wie jeder Mensch um meine Sicherheit gesorgt. Mit dem Alter war mir das allmählich lästig geworden, und ich war schließlich zu der fatalistischen Einstellung gelangt, daß, wenn sie mich wirklich kriegen wollten, ihnen das auch gelingen würde.

Ich hatte nicht allzuviel Angst um mein Leben. Ja, es tat mir fast ein wenig leid, daß ich mit meinen 73

Jahren schon zu alt gewesen war, um noch in den Golfkrieg zu ziehen. Nach dem Überfall der Terroristen konnte ich zumindest sagen, daß auch ich während des Golfkrieges unter Maschinengewehrfeuer gelegen hatte, und die Tatsache, daß niemand verletzt worden war und die Botschaft weiterhin funktionsfähig blieb, empfand ich fast wie einen kleinen Sieg.

Der Berlin-Beschluß
20. Juni 1991

Angesichts meiner fortdauernden Differenzen mit Baker, der mich weiterhin von den wichtigsten deutsch-amerikanischen Gesprächen fernhielt, hatte ich mich entschlossen, noch im laufenden Jahr meinen Dienst als Botschafter in Deutschland zu quittieren. Das war kein leichter Entschluß. Ich liebte meine Arbeit in Bonn, sie war faszinierend und stets voller Abwechslung. Ich hatte zwei außerordentliche historische Ereignisse erlebt – den Fall der Mauer und den Prozeß der politischen und wirtschaftlichen Wiedervereinigung Deutschlands. Eine wichtige Frage aber war noch nicht entschieden: die Entscheidung über die künftige Hauptstadt. Würde die Wahl auf Bonn oder auf Berlin fallen? Da das ein rein innerdeutsches Problem war, verhielt ich mich in der Öffentlichkeit dazu völlig neutral. In Wirklichkeit jedoch kam für mich selbstverständlich nur Berlin als Hauptstadt in Frage.

Das Verhältnis zwischen Baker und mir verschlechterte sich zusehends. Am 21. Mai war ich anläßlich des USA-Besuchs des Bundeskanzlers in Washington und befand mich in Begleitung Bakers, als dieser Kohl und Genscher in Watergate empfing. Bei dem sich dort anschließenden Gespräch duldete Baker zwar meine Gegenwart, aber als ich am Nachmittag mit

Baker und Bob Zoellick zur Begegnung des Kanzlers mit dem Präsidenten fuhr, spürte ich wieder Bakers abweisende Haltung mir gegenüber. Wir alle schwiegen. Baker wie Zoellick glaubten zu wissen, was sie wissen mußten, und hielten es deshalb nicht für nötig, mir Fragen zu stellen.

Von dem folgenden Gespräch war ich ausgeschlossen. Es fand im kleinsten Kreise statt und nahm nahezu die ganze Zeit in Anspruch. Danach folgte eine Pressekonferenz im Rosengarten. Kohl war in Höchstform, es schien, als berste er vor Vitalität; Bush hingegen sah für meine Begriffe etwas blaß und abgehärmt aus. Der Golfkrieg hatte ihn offenbar stark mitgenommen. Aus eigener Erfahrung wußte er besser als viele Präsidenten, was Krieg bedeutete.

Auch den Weg vom Weißen Haus zurück fuhr ich wieder gemeinsam mit Baker, und wieder fiel im Wagen kaum ein Wort.

Am nächsten Tag stieg ich zum Capitol hinauf, wo der Kanzler unter anderem die Senatoren Mitchell, Dole, Pell, Pressler, Robb, Munn Simon traf. Kohl trat selbstbewußt auf, als ein Mann, der wußte, was er wollte, und bei den Senatoren hinterließ er einen glänzenden Eindruck. Auf dem sich anschließenden Mittagessen mit dem Präsidenten des Unterhauses, Foley, und weiteren wichtigen Mitgliedern des Hauses entspann sich eine inhaltsreiche, offene Diskussion. Zur Beruhigung der meisten Kongreßabgeordneten stellte Kohl noch einmal klar, daß er die Westeuropäische Union nicht als NATO-Ersatz betrachtete.

Zurückgekehrt nach Deutschland, nahm ich am 18.

Juni an der KSZE-Tagung in Berlin teil, und wieder dachte Außenminister Baker nicht daran, mich zur Einweisung der US-Delegation einzuladen. Auch als wir gemeinsam mit Genscher in dessen Geburtsort Halle und zurück nach Berlin flogen, hatte Baker mir kaum etwas zu sagen. Kurze Zeit später traf er sich in meiner Residenz in Dahlem mit dem sowjetischen Außenminister Bessmertnych. Für die Begegnung war ein Tisch im Garten aufgestellt worden. Mich bat man nicht hinzu, und Baker schwieg sich über sein Gespräch mit Bessmertnych aus. Erneut spürte ich, wie kalt und abweisend er zu Menschen außerhalb des auserwählten Kreises seiner Günstlinge sein konnte. Schließlich zog ich meine Konsequenzen und tat das einzige, was mir angebracht schien: Ich überreichte ihm mein Abdankungsschreiben als Botschafter in Deutschland und bat ihn, es an den Präsidenten weiterzugeben. Er nahm es ohne Kommentar und ohne ein Wort des Dankes entgegen. Es war ihm offenbar eine Erleichterung, mich loszuwerden.

Am Abend des 20. Juni saß ich in meiner Residenz und verfolgte im Fernsehen die Hauptstadtdebatte im Bundestag. Zu dieser Zeit spukte bei vielen Deutschen der Gedanke im Kopf herum, daß Deutschland eine Art vergrößerter Schweiz werden könne. Ich hielt das für unmöglich. Die Vorstellung, daß das mitten in Europa gelegene Deutschland mit seinen fast 80 Millionen Einwohnern sich seiner künftigen Großmachtrolle entziehen könne, schien mir absurd. Und meiner Ansicht nach mußte man dieser neuen Verantwortung der Bundesrepublik mit der Wahl der Hauptstadt Rechnung tragen. Bonn war nicht mehr als ein

Notbehelf gewesen und hatte diesen Part viele Jahre hindurch gut gespielt. Nun aber mußte in meinen Augen Berlin die Hauptstadt der Bundesrepublik werden. Die Stadt hatte sich mit Entschlossenheit und Mut einen besonderen Platz in der Geschichte erobert, und mir schien, daß sie mehr als jemals zuvor ein Recht darauf hatte, nicht nur die Hauptstadt, sondern auch der Regierungssitz Deutschlands zu werden.

Daß Berlin die Hauptstadt des Landes war, stand ja ohnehin bereits in der Verfassung. Jetzt aber mußte der Bundestag eine endgültige Entscheidung über den künftigen Sitz der deutschen Regierung treffen, und wenn ich auch gut verstehen konnte, daß sich manch ein Beamter in Bonn inzwischen wohnlich eingerichtet hatte, schien es an der Zeit, wichtigere Aspekte zu bedenken. Aber wie auch immer – so oder so mußte sich der Bundestag an diesem 20. Juni entscheiden.

Die ersten Reden ließen befürchten, daß Bonn gewinnen werde. Dann aber ergriff Kohl das Wort und erklärte sich für Berlin. Und schließlich folgte Schäubles eindrucksvolles Plädoyer für Berlin. Schäuble erklärte, es gehe nicht in erster Linie um Arbeitsplätze, Umzugs- oder Reisekosten. »Es geht heute ... um unser aller Zukunft in unserem vereinten Deutschland.«

Für mich steht außer Frage, daß es diese Rede war, die viele Mitglieder des Bundestages in ihrer Entscheidung beeinflußte. Als spät nachts die Abstimmung folgte, brachte sie Berlin den Sieg. Das freute mich, offen gesagt, sehr. In meinen Augen war das die richtige Entscheidung, wenn die Einheit ihren logischen Abschluß finden sollte.

Denn Berlin war nicht, wie viele Leute zu glauben schienen, nur die Hauptstadt des nationalsozialistischen Deutschland gewesen. Es war nach der Reichsgründung im Jahr 1871 Hauptstadt geworden, lange vor Hitlers Geburt, und blieb es bis 1945. Dann war die Stadt in vier Sektoren aufgeteilt worden, die von den vier Siegermächte kontrolliert wurden – von der Sowjetunion, Großbritannien, Frankreich und den Vereinigten Staaten.

Jahrzehntelang hatten die Sowjets versucht, die Westmächte mit allen Mitteln aus Westberlin zu vertreiben. Der Kontrast zwischen dem freien prosperierenden Westberlin und dem in sozialistischer Tristesse dahinvegetierenden Ostteil der Stadt war für die Sowjets und ihre ostdeutschen Marionetten wohl ein ständiges Ärgernis. Ein weiteres Problem bereitete ihnen die Abwanderung der Bevölkerung aus Ostdeutschland. Wer begabt und ehrgeizig war, brauchte nur nach Berlin zu fahren und von dort in die Bundesrepublik zu fliegen. Ärzte, Ingenieure, Wissenschaftler und hochspezialisierte Facharbeiter verließen auf diese Weise den ostdeutschen Staat in wachsender Zahl.

Alle Versuche Moskaus und Ostberlins, die Westmächte aus Berlin zu vertreiben, schlugen fehl. Die Situation wurde immer unerträglicher. Schließlich blockierte Moskau die Verbindungsstraßen nach Westberlin. Präsident Truman und seine westeuropäischen Alliierten verstanden, was es bedeutet hätte, dieser Art Erpressung nachzugeben. Sie waren entschlossen, die Freiheit Westberlins zu schützen, wollten aber gleichwohl das Risiko vermeiden, die Welt in einen Atomkrieg zu stürzen.

So entschied man sich, die zwei Millionen Einwohner Westberlins aus der Luft zu versorgen. Das war keine leichte Aufgabe. Die Flugzeuge jener Zeit waren nicht groß und hatten nach heutigen Vorstellungen nur geringe Frachtkapazität. Die Berliner Flughäfen – Tempelhof für die Amerikaner, Gatow für die Briten und Tegel für die Franzosen – waren relativ klein und nach heutigen Standards auch nicht besonders gut ausgerüstet. Die Flugleitung im langen, dunklen Winter war im Vergleich zu heute einfach jämmerlich.

Dennoch wurde die Luftbrücke rasch eingerichtet und nahm ihren Betrieb auf. Das geschah im Sommer, als die Tage im Norden Europas noch lang waren. Vor uns lagen jedoch die dunklen und kalten Winternächte. Unter großen Anstrengungen brachten die drei Westmächte Lebensmittel, Kohle und andere Brennstoffe in die belagerte Stadt, die gerade erst begonnen hatte, sich von den schrecklichen Bombennächten und den schweren Schäden der Straßenkämpfe im Jahre 1945 zu erholen.

Insgesamt flogen die drei Alliierten etwa 277000 Einsätze in das eingeschlossene Westberlin. Stückweise wurde die Ausrüstung für das riesige Ernst-Reuter-Kraftwerk eingeflogen, das noch heute 25 Prozent des Energiebedarfs der Stadt deckt. Lebensmittel und Treibstoff waren streng rationiert. Nur wenige Stunden am Tage gab es Strom und warmes Wasser. Die Berliner, die die schrecklichen Tage der Flächenbombardements und Straßenkämpfe, Mord und Vergewaltigung nach dem Fall der Stadt erlebt hatten, bewiesen wieder einmal, was sie zu ertragen imstande waren.

Auf der Seite der Alliierten glaubten viele, die Bevölkerung werde die Entbehrungen, die Kälte und die Dunkelheit nicht aushalten, und die Russen, die im Kampf gegen die Verteidiger von Berlin im Jahre 1945 auf ihrem Weg von der Oder bis zur Stadt 300000 Mann verloren hatten, waren der Meinung, daß die Stadt ihnen und ihren ostdeutschen Verbündeten zu Recht gehörte. Wir sorgten uns um die Berliner, aber jedes Mal, wenn wir fragten, ob sie die Strapazen noch ertragen könnten, kam aus zusammengepreßten Lippen die Antwort: »Wenn ihr es könnt, können wir es auch.« Angeführt von ihrem mutigen und entschlossenen Bürgermeister Ernst Reuter blieben die Berliner fest und unerschütterlich.

Diese Willensprüfung dauerte ein ganzes Jahr. Ohne Unterbrechung landeten die Flugzeuge der Alliierten bei Tag und bei Nacht in der eingeschlossenen Stadt, ob das Wetter gut oder schlecht war. Viele britische, französische und amerikanische Flugzeugbesatzungen ließen bei Unfällen ihr Leben, aber nicht einen Augenblick wurde der Flugverkehr unterbrochen.

Ich arbeitete zu jener Zeit für Averell Harriman in der Verwaltung der Marshallplanhilfe und flog mehrmals nach Berlin. Ich erinnere mich gut daran, wie beeindruckt ich von dem Tempo war, mit dem die Flugzeuge landeten und wieder starteten. Kaum hatten wir aufgesetzt, mußten wir die Maschine verlassen, um für die nächste Platz zu machen, die uns auf den Fersen folgte. Und sobald wir ausgestiegen waren, startete unsere Maschine wieder, denn die nächste landete bereits. Das ging bei Tag und bei Nacht so, bei Sonnenschein, Sturm oder Nebel. Die Berliner gaben dem Unternehmen den Namen »Luftbrücke«, der die Sache genau traf: Die in dichten Abständen fliegenden Maschinen bildeten am Himmel tatsächlich so etwas wie eine Brücke in die belagerte Stadt, die sich dank des Mutes ihrer deutschen und alliierten Verteidiger nicht ergab.

Schließlich mußte Moskau einsehen, daß die Entschlossenheit der Alliierten und der Berliner nicht zu brechen war. Verhandlungen wurden aufgenommen, die ein Ende der Blockade brachten. Trotzdem ließen die Sowjets nicht von ihrem Ziel ab, die Alliierten aus Westberlin zu vertreiben und die ganze Stadt in Besitz zu nehmen. Sie unternahmen alles, was sie nur konnten, um den Alliierten und den Westberlinern das Leben schwerzumachen.

Ich erinnere mich an einen Zwischenfall im Jahre 1963, der auch mich betraf. Ich war damals der amerikanische Militârattaché in Italien. Außenminister Rusk besuchte Rom, und ich war ausgewählt worden, in seinem Gespräch mit Ministerpräsident Amintore Fanfani als Dolmetscher zu fungieren. Fanfani war gerade aus Moskau von einem Besuch Nikita Chruschtschows zurückgekommen, der versucht hatte, ihm einen Schrecken einzujagen, indem er erklärte, er sei bereit, die in Italien stationierten amerikanischen Langstreckenraketen in den Olivenhainen, in denen sie stünden, zusammenzuschießen.

Fanfani sagte damals zu Rusk, und ich übersetzte

seine Worte sorgfältig: »Herr Außenminister, Sie müssen verstehen, daß Chruschtschow nicht länger bereit ist, die westlichen Garnisonen in Westberlin zu dulden.« Rusk schaute den italienischen Ministerpräsidenten fest an und sagte langsam und deutlich: »Herr Ministerpräsident, er ist aber auch nicht bereit, die Alternative auf sich zu nehmen.« Fanfani schauderte ein wenig, aber er verstand genau, was Rusk sagen wollte: Die Alliierten hätten Westberlin, wenn notwendig, auch mit Waffengewalt verteidigt.

Die wahrhaft historische Bedeutung Berlins bestand für mich darin, daß Amerikaner und Deutsche während der Blockade hier zum ersten Mal seit dem zweiten Weltkrieg gemeinsam Entbehrungen und Drohungen widerstanden hatten. Dabei hatten sie einander nicht mehr als frühere Feinde, sondern als Partner betrachtet. Die Hilfe, die die Alliierten in jenen schweren Tagen nach Berlin brachten, sowie der unbeugsame Wille der Berliner, ihre Freiheit zu verteidigen, symbolisierten die Versöhnung zwischen Deutschen und Amerikanern; sie schmiedeten ein Band der Freundschaft und Achtung, das mit den Jahren zwischen den Deutschen und ihren ehemaligen Feinden immer fester geworden ist.

Bald floß die Marshallplanhilfe in die Stadt. Die zerstörten Fabriken wurden wieder aufgebaut, Maschinen und Material geliefert, so daß die Produktion allmählich wieder in Gang kam. Das Herz Berlins begann wieder kräftig zu schlagen, und Vertrauen in die Zukunft kam auf.

Noch heute bin ich der Überzeugung, daß der Marshallplan der einzige selbstlose Akt dieser Art in der Geschichte ist. Jedenfalls weiß ich von keinem anderen Fall in der Geschichte der Menschheit, in dem eine Nation dafür gezahlt hat, daß ihre Konkurrenten wieder konkurrenzfähig wurden. Wenn heute deutsche und japanische Autos auf unseren Straßen fahren, dann nicht zuletzt deshalb, weil wir diesen Völkern beim Aufbau ihrer zerstörten Fabriken halfen.

Natürlich lag das auch in unserem Interesse. Schließlich verfügte Europa über die größte ausgebildete Arbeiterschaft und das mächtigste Industriepotential der Welt. Aber mehr noch lag es im Interesse der Deutschen und Japaner, daß Armut und Verzweiflung sie nicht erneut in totalitäre Versuchung trieben.

Wie gesagt, war ich als amerikanischer Botschafter in der Bundesrepublik aus politischen Gründen gehalten, in der Hauptstadtfrage nicht Stellung zu beziehen. Tief in meinem Herzen aber war ich auf seiten der Berlin-Anhänger. Die Stadt Bonn, wo ich zweieinhalb glückliche Jahre verbracht hatte, war eine reizende Stadt. Nach dem Fall der Mauer aber war Berlin wieder ins Zentrum eines Europas gerückt, das sich mehr und mehr zusammenschließt. Wenn man eine Linie von Stockholm nach Rom und eine von Paris nach Moskau zieht, dann kreuzen sie sich in Berlin.

Letzte Tage in Bonn

Zu meinem traditionellen Empfang am 4. Juli, dem Tag der amerikanischen Unabhängigkeitserklärung, hatte ich über tausend Gäste in den großen Garten der Residenz eingeladen. Auch Oskar Lafontaine, mit dem ich mich ungeachtet unserer Meinungsverschiedenheiten in vielen Fragen angefreundet hatte, war erschienen und ließ sich sogar fotografieren, als er mich umarmte. Er hatte nicht vergessen, daß ich ihm nach dem Attentat auf ihn Genesungswünsche ins Krankenhaus gesandt hatte.

Es war ein strahlender Sommertag, amerikanische Fast-food-, Eis- und Getränkefirmen hatten ihre Buden im Garten aufgestellt und verteilten ihre Produkte, und meine zahmen Adler, die im Garten umherflogen, schienen geradewegs aus dem Staatswappen der Vereinigten Staaten aufgestiegen zu sein. Am späten Nachmittag kutschierte ich die Kinder meiner Gäste in einem elektrischen Golfwagen durch den Garten. Sie waren begeistert, und ich war froh, mit meinem versehrten Knie nicht ewig auf einer Stelle stehen zu müssen.

Einige Tage darauf unternahm ich eine Fahrt längs der Ostseeküste und besuchte Admiral Ciliax in Rostock. Anschließend besichtigte ich die Überreste des alten Raketenversuchsgeländes in Peenemünde. Der ehemalige Flugplatz der deutschen Luftwaffe ist immer noch da, aber der Raketenstartplatz war während des Krieges schwer bombardiert worden. Zu meiner Überraschung war jedoch das Treibstofflager für die Raketen als einziges Gebäude unversehrt geblieben. Eine kleine Tafel an der Abschußrampe Nr. 7 bezeichnete jene Stelle, an der zum ersten Mal in der Geschichte eine ballistische Flüssigkeitsrakete gestartet worden war. Jetzt bemühten sich die Einwohner, hier ein kleines Museum aufzubauen. Aber die Regierung schien nicht besonders interessiert daran zu sein, jenes Ortes zu gedenken, wo die V-Waffen entwickelt worden waren, mit denen London bombardiert worden war. Ich versprach, Kopien der von den amerikanischen Truppen erbeuteten Filme zu beschaffen, auf denen diese frühen Raketenstartversuche festgehalten sind.

Auf einer kopfsteingepflasterten Straße fuhr ich wieder nach Berlin zurück. Früher hatte dem Botschafter eine Motorjacht auf dem Wannsee zur Verfügung gestanden. Ich war damit selbst noch auf der Havel und dann auf der Spree bis nach Ostberlin gefahren. Die Jacht gab es nun nicht mehr. So fuhr ich gemeinsam mit Freunden im Auto noch einmal die ganze Strecke durch Berlin bis zum Müggelsee, der östlich des Stadtzentrums liegt.

Nach meiner Rückkehr nach Bonn stattete ich Bundeskanzler Kohl meinen Abschiedsbesuch ab. Er äußerte sich anerkennend über meinen Beitrag zu den deutsch-amerikanischen Beziehungen. Innenminister Schäuble erinnerte mich daran, daß ich ihm an dem Tag, als er erfuhr, er werde den Rest seines Lebens in einem Rollstuhl verbringen, von Franklin Delano Roosevelt berichtet hatte, der Gouverneur des Staates New York gewesen und – im Rollstuhl – viermal zum Präsidenten der Vereinigten Staaten gewählt worden war.

In meinem Terminkalender folgte nun ein Termin dem anderen, denn ich mußte meine Abschiedsvisiten bis Anfang August abschließen. Dann würde alles, was in Bonn Rang und Namen hatte, die Stadt verlassen und in Urlaub gehen. Ich besuchte Vogel, der mich zum Abschied umarmte. »Einem amerikanischen Botschafter wie Ihnen werde ich wohl nicht wieder begegnen«, sagte er. Ich antwortete, er werde noch viele von dieser Art treffen. »Aber keinen, mit dem ich mich beschossen habe«, erwiderte er. Damit spielte Vogel auf die Tatsache an, daß wir beide im zweiten Weltkrieg in Italien gekämpft hatten.

Auch Richard von Weizsäcker dankte mir zum Abschied und überreichte mir das Große Bundesverdienstkreuz mit Stern und Schulterband. Das strahlte aus dem Kästchen wie prachtvolle Juwelen. Ich fühlte mich hoch geehrt. Ich sagte dem Präsidenten, daß ich es zwar bedauern würde, Deutschland verlassen zu müssen, ich würde mich jedoch mehr als entschädigt durch die Tatsache fühlen, daß ich hier zu einer so außergewöhnlichen Zeit hatte Dienst tun dürfen.

Im August verabschiedete ich mich von dem Regierenden Bürgermeister Diepgen in seinem Büro im Schöneberger Rathaus. Er überreichte mir im Auftrag der Stadt ein Bild des Brandenburger Tores. Die Berliner hatten nicht vergessen, daß ich den baldigen Fall der Mauer vorausgesagt hatte und für diese angebliche Spekulation eine Abfuhr von Außenminister Baker hatte hinnehmen müssen. Zu meinen Ehren gab Diepgen ein Mittagessen im Schloß Charlottenburg. Anschließend gab ich dem RIAS ein Interview, in dem ich Abschied von der Berliner Bevölkerung nahm.

Am Morgen des 17. August besuchte ich zunächst den amerikanischen Hochkommissar und fuhr am Abend nach Potsdam, um dort an dem Empfang teilzunehmen, den Ministerpräsident Stolpe und Prinz Louis Ferdinand, das Oberhaupt des Hauses Hohenzollern, aus Anlaß der Umbettung der sterblichen Hülle Friedrichs des Großen nach Potsdam gaben. In seinem letzten Willen hatte der König darum gebeten, in seiner Grabstätte in Sanssouci »um Mitternacht, beim Schein einer Laterne, ohne Spektakel« beigesetzt zu werden. Friedrichs Neffe und Nachfolger, der seinen Onkel haßte, tat genau das Gegenteil. Er ließ Friedrich mit großem Pomp in der Potsdamer Garnisonkirche beisetzen.

Als sich die Russen 1945 der Stadt näherten, war der Leichnam nach Westdeutschland und schließlich zum Stammsitz der Hohenzollern in Hechingen am Schwarzwald gebracht worden. Die SED hatte Prinz Louis Ferdinand, den sie mit »Kaiserliche Hoheit« titulierte, mehrfach darum gebeten, den großen König nach Berlin zurückzubringen, doch die Antwort des Prinzen hatte stets gelautet, der Leichnam Friedrichs des Großen werde erst in die Hauptstadt zurückgebracht werden, wenn Deutschland wiedervereinigt sei.

Nun war diese Stunde gekommen. Auf dem Empfang war ich als einziger Botschafter einer Großmacht anwesend. Als ich gefragt wurde, warum ich an der Feier teilnähme, antwortete ich, Friedrich der Große sei ein Verfechter der Aufklärung gewesen, habe als erster die Folter in seinem Herrschaftsbereich verboten und mit den Vereinigten Staaten, die gerade ihre Unabhängigkeit errungen hatten, erstmalig in der Geschichte einen Vertrag über die Gewährleistung der Menschenrechte unterzeichnet. Um meine Haltung eindeutig zu demonstrieren, hatte ich eine große amerikanische Nationalflagge an meinen Wagen gesteckt, mit der ich vor dem Neuen Palais in Potsdam vorfuhr, der Lieblingsresidenz Kaiser Wilhelms II., des Großvaters von Louis Ferdinand.

Im September kehrte ich nach einer mehrwöchigen Autofahrt durch Osteuropa und einem zehntägigen Krankenhausaufenthalt, den ich einer schweren Lungenentzündung verdankte, nach Bonn zurück. Da mein Nachfolger Bob Kimmitt dort bereits eingetroffen war und dem Bundespräsidenten sein Beglaubigungsschreiben überreicht hatte, beschloß ich, die letzten Tage, die mir in Bonn verblieben, sehr zurückgezogen zu verbringen. Ich wohnte bei George Ward, dem stellvertretenden Missionschef, der am 19. September ein Essen für Botschafter Kimmitt gab, auf dem ich zu meiner Freude einige meiner alten deutschen Freunde wiedersah.

Tags darauf gab ich mein letztes Fernsehinterview, in dem ich die außerordentliche Rolle hervorhob, die Helmut Kohl in meinen Augen bei der Vereinigung Deutschlands gespielt hatte. Von Anfang an hatte er erkannt, daß die Zeit begrenzt war, in der Gorbatschow die Vereinigung Deutschlands zulassen konnte, bevor er selbst von den Kräften überwältigt wurde, die er freigesetzt hatte. Ohne mich in die inneren Angelegenheiten Deutschlands einmischen zu wollen, sei es deshalb für mich keine Frage, daß Kohl für immer als der Kanzler der Einheit in die deutsche Geschichte eingehen werde.

Meine Mitarbeiter schenkten mir zum Abschied ein Bild der Berliner Mauer, wie sie sich am Morgen des 10. November präsentiert hatte: Jubelnde Demonstranten und ostdeutsche Grenzposten stehen auf der Mauerkrone, und über der Quadriga auf dem Brandenburger Tor weht die schwarz-rot-goldene Fahne. Noch heute ruft das Bild in mir die Erinnerung an jene bewegenden Tage im November 1989 wach, deren Zeuge ich hatte sein dürfen.

Am Morgen des 23. September holte mich mein persönlicher Mitarbeiter, Fletcher Burton, ab, einer der fähigsten, tüchtigsten und angenehmsten jungen Beamten des Auswärtigen Dienstes, der mir je begegnet ist. Er brachte mich zum Zubringerzug der Lufthansa auf dem Bahnhof von Bonn. In Frankfurt bestieg ich wenig später das Flugzeug nach Washington, und pünktlich um 14.45 Uhr hob die Maschine ab.

Nach knapp zweieinhalb Jahren einer unglaublich ereignisreichen und glücklichen Zeit in Deutschland kehrte ich in die Vereinigten Staaten zurück. Es war nicht mein Wunsch gewesen, vorzeitigen Abschied zu nehmen, aber Außenminister Baker hatte mich in eine Lage gebracht, die es mir unmöglich machte, länger zu bleiben. Ich war einfach nicht bereit, jene bloße Galionsfigur abzugeben, die er offenbar in Bonn haben wollte.

Alles in allem aber hatte ich keinen Grund zur Klage. Kein Botschafter konnte sich bessere Freunde und Mitarbeiter wünschen, als ich sie während meiner Amtszeit in der Bonner Botschaft gehabt hatte. Kein Botschafter konnte sich eine bessere Zusammenarbeit wünschen, als ich sie mit der deutschen Regierung erlebt hatte – vom Bundeskanzler und dem Außenminister angefangen bis hin zu den einzelnen Beamten, die nicht hilfreicher hätten sein können. Die Deutschen hatten mir Freundschaft und Herzlichkeit entgegengebracht. Ein Botschafter konnte nur davon träumen, in einem solchen Land eine so außergewöhnliche Zeit zu verbringen, wie ich sie in diesen 29 Monaten in Bonn erlebt hatte.

Zurück in Washington, verbrachte ich einige Tage mit Konsultationen im Deutschlandreferat des State Department. Ich verspürte nicht den geringsten Wunsch, mit den höheren Beamten dort zu sprechen, und um mir eine weitere Abfuhr zu ersparen, verlangte ich auch keine Unterredung mit James Baker.

Einige Wochen später überreichte mir Präsident Bush in einer Feierstunde im Weißen Haus die Freiheitsmedaille des Präsidenten, die höchste Auszeichnung, die in den Vereinigten Staaten zu Friedenszeiten vergeben wird. Ich war überglücklich.

Nachwort

Die Deutschen sind nach den Russen die größte ethnische Gemeinschaft in Europa. Im Unterschied zu den meisten anderen europäischen Völkern leben sie nicht in natürlichen oder historischen Grenzen. Viele Jahrhunderte lang nahm der Traum von einem allumfassenden Römischen Reich des Westens den Namen »Heiliges Römisches Reich« an, das übrigens weder heilig noch römisch, noch ein wirkliches Reich war. Der Name entsprach schließlich so wenig der Realität, daß man ihn zu »Heiliges Römisches Reich Deutscher Nation« abänderte. Dieses Reich existierte bis 1806, als Napoleon Franz II. von Habsburg, der als letzter Kaiser dieses Namens gekrönt worden war, dazu zwang, den Titel aufzugeben und sich von nun an Kaiser von Österreich, König von Ungarn und Böhmen zu nennen.

Nach dem Sieg Preußens im Krieg gegen Frankreich im Jahre 1871 wurde das Deutsche Reich wiedererrichtet, und König Wilhelm I. von Preußen wurde Kaiser Wilhelm I., Deutscher Kaiser, nicht Kaiser von Deutschland. Deutschland blieb aber nach wie vor ein aus mehreren Staaten bestehendes Gebilde. Bis zum ersten Weltkrieg gab es in Deutschland vier Königreiche: Preußen, Bayern, Württemberg und Sachsen, von der großen Zahl der Fürstentümer gar nicht zu sprechen. Auch die Weimarer Republik bestand weiterhin aus mehreren Bundesstaaten. Adolf Hitler war der erste, der das ändern wollte, aber sein Versuch, das Land stark zu zentralisieren, endete mit dem Untergang des Dritten Reiches.

Nachkriegsdeutschland wurde wieder ein föderaler Staat und nannte sich Bundesrepublik. In Deutschland ist bis heute ein höheres Maß an Lokalstolz lebendig als in vielen anderen europäischen Staaten. Der Dreißigjährige Krieg von 1618 bis zum Westfälischen Frieden im Jahre 1648 stärkte die Tradition, daß Deutsche gegen Deutsche kämpften. Und doch schlugen in zwei Weltkriegen die Versuche der Feinde Deutschlands fehl, den Zusammenhalt des deutschen Volkes aufzubrechen.

Die Deutschen fühlen sich im wesentlichen als Deutsche, diskutieren darüber aber nicht gern mit Ausländern. Sie sind sich des latenten Mißtrauens ihrer Nachbarn wohl bewußt und heben im Gespräch mit ihnen eher die Unterschiede zwischen den einzelnen Regionen und ihren Bewohnern hervor, um eventuelle Befürchtungen zu zerstreuen.

Während der beiden Weltkriege hob die westliche Propaganda insbesondere die negative Rolle Preußens und seines »Militarismus« in der deutschen Geschichte hervor. Preußen habe die Reichsgründung mit militärischer Gewalt ins Werk gesetzt und damit jenen deutschen Sonderweg begründet, der das Reich geradewegs in die Katastrophe geführt habe. Aber Deutschland hat seine Einheit nicht anders als die übrigen Staaten Europas erreicht – mit Waffengewalt.

Unter den Deutschen besaß Preußen hingegen

lange Zeit einen ganz anderen Ruf als außerhalb des Landes. Vielleicht waren die Preußen nicht überall beliebt, aber sie galten doch als äußerst sparsam, hart, unbestechlich, gründlich und diszipliniert und besaßen damit all jene Eigenschaften, die in Deutschland hoch im Kurs standen.

Offenbar sind inzwischen nicht wenige Deutsche durchaus zufrieden damit, alle unangenehmen Aspekte der deutschen Geschichte auf die Preußen abladen zu können. Betrachtet man jedoch die Geschichte des Widerstandes gegen Hitler, dann haben gerade preußische Offiziere hier keine unbedeutende Rolle gespielt. Viele von ihnen haben schon lange vor Ausbruch des Krieges den verbrecherischen Charakter des nationalsozialistischen Regimes erkannt und danach getrachtet, Hitler zu beseitigen.

Ungeachtet ihres Lokalpatriotismus haben die Deutschen alles in allem ein ausgeprägtes Gefühl der Solidarität miteinander. Das bewies der Freudentaumel, mit dem der Fall der Mauer begrüßt wurde, das bewies jener Hamburger, der seine Landsleute an der Glienicker Brücke mit Blumen begrüßte, das zeigen aber auch die Bemühungen der Bundesregierung, den Lebensstandard der Ostdeutschen nach der Vereinigung auf das Niveau ihrer Brüder im Westen anzuheben. Sie sind zwar noch nicht von Erfolg gekrönt, kommen aber voran.

Nicht zuletzt sei auch die Hilfe erwähnt, die den zwölf Millionen Vertriebenen aus den ehemals deutschen Gebieten im Osten zuteil wurde. Sie fanden in der unmittelbaren Nachkriegszeit im zerstörten und verwüsteten westlichen Teil Deutschlands Aufnahme, wo 70 Prozent aller Wohnungen beschädigt oder zerstört waren. Dazu kamen weitere vier Millionen, die später ihren Weg in die Bundesrepublik fanden. Gemeinsam schufen sie das deutsche Wirtschaftswunder, das Freiheit, Wohnungen, Arbeit und eine Zukunft für alle brachte.

Die Deutschen in der Bundesrepublik bauten einen Staat auf, der auf all jene Deutschen eine unwiderstehliche Anziehungskraft ausübte, deren Schicksal es war, jenseits des Eisernen Vorhangs zu leben. Denn die Mauer wurde nicht gebaut, um Unwillkommene nicht in diesen Staat hineinzulassen, wie die zynische Propaganda Ulbrichts und Honeckers behauptete, sondern um die unglücklichen Menschen festzuhalten, die die Geschichte hier in eine Falle gelockt hatte.

Vor dem Bau der Mauer konnten die Ostdeutschen relativ leicht über Westberlin in den Westen gelangen. Bis 1961 wanderten so viele Ärzte, Ingenieure und andere hochqualifizierte Fachkräfte aus, daß diese Massenflucht unter Kontrolle gebracht werden mußte, wollte man verhindern, daß die DDR gleichsam ausblutete. Der Bau der Mauer war deshalb für die ostdeutsche Regierung und ihre sowjetischen Verbündeten einfach unumgänglich. Damit versuchten sie zu verbergen, was für eine Katastrophe das marxistische System tatsächlich war, und die Fiktion eines anderen deutschen Staates als realer Alternative zur Bundesrepublik aufrechtzuerhalten. Teilweise hatte das sogar Erfolg: Eine geraume Zeit lang betrachteten insbesondere viele westdeutsche Intellektuelle die DDR als einen Staat, der zwar mit manchem Makel behaftet war, aber gerade im Hinblick auf seine »sozialen

Errungenschaften« durchaus Vorzüge gegenüber der bundesrepublikanischen »Ellbogengesellschaft« besaß.

Als die Schatten der Geschichte für die SED länger wurden, versuchte sie verzweifelt, das Nationalgefühl ihrer Bürger durch Erfolge im internationalen Sportgeschehen aufzubessern. Seltsamerweise wurde diese Hoffnung im Westen – auch in den Vereinigten Staaten – von all denjenigen genährt, die etwas »von der eigenen Identität der Ostdeutschen« erhalten wollten. Dabei wurde häufig genug der repressive Charakter des SED-Regimes übersehen, der doch schon an schlichten Zahlen abzulesen war: So bestand Hitlers Staatssicherheitsapparat aus etwa 55000 Beamten, mit denen er 80 Millionen Deutsche überwachte. Im Staatssicherheitsapparat der Deutschen Demokratischen Republik überwachten 150 000 Beamte ganze 17 Millionen Menschen.

Der zweite Weltkrieg hatte unberechenbare Auswirkungen auf die Haltung der Deutschen sich selbst, ihren Nachbarn und der übrigen Welt gegenüber. Am Ende des Krieges waren die siegreichen westlichen Alliierten entschlossen, in Deutschland alles auszumerzen, was dieses Volk wieder auf den Gedanken bringen könnte, eine militärische Lösung für seine Probleme zu suchen. Darin waren sie vielleicht erfolgreicher, als sie für möglich gehalten hätten, insbesondere, als das Gespenst einer kommunistischen Expansion vor unseren Augen Gestalt anzunehmen begann. Jedenfalls waren binnen kürzester Zeit die Spuren so vieler Jahre nationalsozialistischer Indoktrination ausgelöscht, und die Deutschen verwandelten sich in ein Volk mustergültiger Demokraten.

Es hat in Deutschland stets ein breites Spektrum pazifistischer Auffassungen gegeben, die sich viele Jahre lang um die sozialdemokratische Partei gruppierten, aber bei weitem nicht auf sie allein beschränkt waren. Nach den Schrecken und Enttäuschungen des zweiten Weltkrieges hatten derartige Ideen großen Zulauf – und dies nicht allein unter den linken Parteien. »Nie wieder Krieg« wurde zu einem weitverbreiteten Bekenntnis, das insbesondere in der evangelischen Kirche, in geringerem Maße dagegen bei den Katholiken Anklang fand, nicht zuletzt vielleicht deshalb, weil die katholische Kirche gerechte Kriege billigt.

Noch immer scheinen die Deutschen wie besessen von der Sorge, das Mißtrauen ihrer europäischen Nachbarn zu erregen. Sie tun alles, um diese Bedenken über ihre Stärke und ihren Reichtum zu zerstreuen. Sie waren und bleiben tief überzeugt, daß die Einheit Deutschlands nur erreicht werden kann, wenn sie fest in die Einheit Europas eingebettet ist. So sind sie fast übereifrig in ihrem Europäertum und sehr darauf bedacht, alles zu unterlassen, was als ein Wiedererstehen des deutschen Nationalismus betrachtet werden könnte.

Seltsamerweise ist in Deutschland der Glaube verbreitet, man verdanke es vor allem den Franzosen, wieder in die gute Gesellschaft Europas aufgenommen worden zu sein. Meine eigenen Erfahrungen bestätigen diese Auffassung nicht, aber die meisten Deutschen glauben es dennoch und sind den Franzosen für ihre Bemühungen dankbar. Wenn ich solche Meinungen höre, muß ich daran denken, wie viele Stunden ich über die Jahre hinweg darauf verwendet habe, französische Gesprächspartner von dem Friedenswillen der Deutschen zu überzeugen. Ich weiß nicht mehr, wie oft ich die Franzosen daran erinnert habe, daß sie im Unterschied zu den Deutschen taktische und strategische Atomwaffen besäßen und schon deshalb keinen Grund zur Furcht vor einem deutschen Überfall hätten. Ich wies darauf hin, daß Frankreich inzwischen die Fähigkeit besaß, Deutschland binnen Stunden zu zerstören – und dies zum ersten Mal, seit Karl der Große das Reich unter seinen Söhnen aufteilte.

Wie oft hatte ich, als die Möglichkeit der deutschen Einheit am Horizont auftauchte, nicht nur meinen französischen, sondern auch anderen europäischen Kollegen versichert, daß von der Einheit Deutschlands weder eine politische noch eine militärische Bedrohung ausgehe. Auf wirtschaftlichem Gebiet werde Deutschland lange Zeit brauchen, um die Auswirkungen von 45 Jahren Unterdrückung, totaler Mißwirtschaft und kommunistischer Indoktrination im Osten des Landes zu überwinden. Von einem einheitlichen Deutschland gingen überdies viel weniger Spannungen aus als von einer Nation, die wie Deutschland fast ein halbes Jahrhundert lang geteilt gewesen sei. Und betrachte man die Geschichte, dann zeige sich zwar, daß fast die halbe Welt zweimal in diesem Jahrhundert gegen Deutschland habe kämpfen müssen, um es an seinen Eroberungszügen durch Europa zu hindern. Es sei aber schließlich nicht Deutschland allein, das in der Vergangenheit solche Ambitionen gehegt habe.

Tatsächlich hatten ja im 16. und 17. Jahrhundert spanische Armeen in Deutschland, den Niederlanden, in Italien, ja selbst in Tunesien gekämpft, um die Vorherrschaft Spaniens in Europa zu errichten. Im 17. Jahrhundert stritten sich Frankreich und Spanien um die Hegemonie in Europa, und Österreich stürzte sich ebenfalls in den Kampf. Im 18. Jahrhundert ging diese Auseinandersetzung weiter, aber nun kam ein neuer Bewerber ins Spiel – Rußland. Ende des 18. und Anfang des 19. Jahrhunderts fand die Französische Revolution statt, und kurz darauf versuchte Napoleon, Frankreichs Vorherrschaft auf dem Kontinent zu errichten. England und Rußland hielten sich an der Peripherie und achteten darauf, daß niemand ihre Sicherheit bedrohte. England verließ sich darauf, daß es die Meere beherrschte, Rußland setzte auf General Winter und die riesigen Entfernungen, die eine Eroberung des Landes aussichtslos erscheinen ließen.

Daß der erste Weltkrieg von Kaiser Wilhelm II. vom Zaune gebrochen worden sei, weil er ein Militarist war, der prächtige Uniformen liebte, ist eine Behauptung, die nicht zuletzt von der Propaganda der Alliierten in Umlauf gesetzt worden ist. Einer genaueren historischen Untersuchung hält sie jedoch nicht stand. Wilhelm II. liebte zwar tatsächlich Uniformen und Paraden, aber von dort bis zum Ausbruch des ersten Weltkrieges ist es ein langer Weg. Schließlich trägt man im Krieg keine glitzernden Epauletten, sondern feldgraue Kampfuniform. Ich meine, der erste Weltkrieg war ein Konflikt zwischen einander widersprechenden nationalen Interessen wie andere Kriege vor ihm, nur brachte er diesmal Tod und Zerstörung von unglaublichen Ausmaßen über die Menschen.

Im Unterschied dazu wurde der zweite Weltkrieg von Hitler bewußt vorbereitet und zu dem Zeitpunkt eröffnet, der ihm der günstigste schien. Er war neuartig, weil Hitler versuchte, die nationalsozialistische Ideologie mit ihrem Rassenwahn in ganz Europa durchzusetzen, und schließlich den Holocaust der Juden herbeiführte, der in der gesamten Geschichte der Menschheit ohne Beispiel ist. Die Entschlossenheit, ein ganzes Volk zu vernichten – das hatte es noch nie gegeben. Und daß sich so viele Menschen bereit fanden, die barbarischen Anordnungen Hitlers in die Tat umzusetzen, schockiert mich noch heute.

Die meisten Juden in Deutschland hielten sich für gute Deutsche – wie die Protestanten oder Katholiken. Ein guter Freund, Walter Levy, erzählte mir, sein Vater sei im ersten Weltkrieg mit der höchsten Tapferkeitsmedaille des kaiserlichen Deutschlands, dem »Verdienstkreuz«, ausgezeichnet worden. Als Walter geboren wurde, sandte sein Vater seinem Onkel ein Telegramm, in dem es hieß, »ein neuer Beschützer unseres Vaterlandes« sei geboren worden. Walters Vater glaubte nicht, daß das Naziregime lange Bestand haben konnte. Die Tapferkeitsmedaille rettete ihm das Leben, bis er 1943 starb. Sechs Wochen später waren seine Frau und seine Tochter verschwunden. Walter konnte ihre Spur nicht wiederfinden.

Der Holocaust ist ein Verbrechen vor Gott und den Menschen. Er darf niemals vergessen werden und muß künftigen Generationen eine Warnung sein, wie gefährlich es ist, einem einzigen Mann absolute Macht zu geben, wie verhängnisvoll Rassismus und Intoleranz sein können. Gleichwohl kann man kaum erwarten, daß die Deutschen für alle Zeiten in Sack und Asche gehen werden, insbesondere diejenigen nicht, die noch gar nicht geboren waren, als Hitlers »neue Ordnung« zerschlagen wurde.

Oftmals sind die Menschen über die Angriffe von Skinheads oder Neonazis auf Asylanten und Juden besorgt. Aber gegen diese Ausschreitungen einiger Krimineller, die meist Banden, aber keine politischen Parteien bilden, wird man im Rahmen der deutschen Gesetze vorgehen, die Rassismus und Intoleranz verbieten. Jedenfalls haben es Rechtsextremisten bisher nicht geschafft, auch nur einen einzigen Abgeordneten in den Bundestag zu wählen. In einer Nation von 80 Millionen Menschen gibt es immer einige politische Extremisten; sie werden jedoch nicht zur Macht gelangen. Leute, die Haß verbreiten und jüdische Gräber schänden, wollen mit diesen Provokationen vor allem Aufsehen erregen. Das gibt es auch in Amerika. Wer die Öffentlichkeit dort schockieren will, verbrennt Fahnen oder trägt den Kittel des Klu-Klux-Klan. Diese Erscheinungen sind zweifellos ein Ärgernis, politisch aber nicht von Bedeutung.

Dennoch wird von der Gefahr von rechts in Deutschland viel Aufhebens gemacht, vor allem von denen, die offenbar eine Wiedergeburt des Nazismus erwarten. Meiner Ansicht nach ist die Zeit des Extremismus in Deutschland jedoch vorbei. Auf den Trümmern des Dritten Reiches haben die Deutschen ihr Land in Freiheit und Demokratie wiederaufgebaut. Angesichts ihrer Geschichte im 20. Jahrhundert haben sie ein starkes Verantwortungsbewußtsein für Juden, Polen, Franzosen und Russen in dieser Reihenfolge entwickelt, zumindest scheint es mir so. Das hat sie dazu gebracht, sehr hohe Reparationen an Israel zu zahlen, ihre Außenpolitik so zu gestalten, daß die Franzosen beruhigt sind, auf alle territorialen Forderungen gegenüber Polen zu verzichten und der Sowjetunion seit dem Zusammenbruch des Sowjetregimes mehr als alle anderen zu helfen. Sofort nach der Vereinigung starteten in Deutschland jeden Tag zwei riesige sowjetische Transportmaschinen, vollgeladen mit Lebensmitteln. Die Hälfte aller Unterstützung für die Sowjetunion kam in den ersten beiden Jahren nach dem Fall der Mauer aus Deutschland.

Die Deutschen sind ein Volk, das sich sehr gut auf Veränderungen einzustellen weiß. Sie stehen nun vor der Aufgabe, die neuen Länder auf das Niveau der übrigen Teile der Bundesrepublik zu bringen. Das wird Geld, Zeit und viel harte Arbeit kosten. Die Deutschen werden damit nicht geizen, um diese erstrangige Aufgabe zu erfüllen. Ihr starkes Pflichtgefühl sagt ihnen, daß sie dies den Bewohnern der früheren DDR schuldig sind. Die Aufgabe ist gigantisch, und die Kosten sind immens, aber ich bin überzeugt, daß die Deutschen tun werden, was getan werden muß. Es wird viel Klagen über die Kosten geben, aber ausschlaggebend wird die Tat sein.

Deutschland ist heute geographisch so klein wie noch niemals in den letzten tausend Jahren. Aber es ist der wohlhabendste, freieste und demokratischste Staat in der deutschen Geschichte. Die Deutschen haben gelernt, daß sie keinen »Lebensraum im Osten« brauchen, um reich zu sein. Sie haben hingegen begriffen, daß ihre Zukunft und ihr Wohlstand sehr eng an die Mitgliedschaft in der Europäischen Gemeinschaft und an die Allianz mit uns gebunden sind. Wenn wir in die Zukunft schauen, können wir erwarten, daß sie die Lasten mit uns teilen. Ich glaube, sie haben die Lektion der Geschichte gelernt und werden ihren Beitrag leisten, um die Welt von Furcht und Aggression frei zu halten.

Wie auch immer – wir werden die Deutschen brauchen und tun gut daran, zu bedenken, daß ihre Vergangenheit nicht allein aus den zwölf Jahren nationalsozialistischer Schreckensherrschaft besteht. Vielmehr sollten wir uns jener unschätzbaren Beiträge erinnern, die ein wahrhaft begabtes, außergewöhnliches Volk auf nahezu allen Feldern der menschlichen Tätigkeit geleistet hat.